CHRISTIAN LEMYRO

ENIGMAS DEL PODER MÁGICO DE LAS PIRÁMIDES

TÍTULO: *EL PODER MÁGICO DE LAS PIRÁMIDES*
AUTOR: *CHRISTIAN LEMYRO*
DISEÑO DE CUBIERTA: *Juan Manuel Domínguez*

C/ Marcelina, 23
Teléf.: 315 10 08
Fax: 323 08 44
28029 Madrid

Depósito Legal: M-28.371-1997
I.S.B.N.: 84-495-0370-1
Impreso en: COFÁS, S. A.

IMPRESO EN ESPAÑA - PRINTED IN SPAIN

El poder mágico de las Pirámides es tan natural como las fuerzas cósmicas que intervienen en sus enigmáticos efectos.

PRÓLOGO

Para los egipcios lo más natural era la adoración a los animales; los sacerdotes egipcios, organizados en castas poderosas y respetadas, poseían, lo mismo que los griegos, secretos para operar prodigios y asombrar al pueblo; el conocimiento de los fenómenos celestes formaba, en Egipto como en Caldea, parte integrante de la teología. Los egipcios disponían de colegios de sacerdotes consagrados en especial al estudio de los astros, donde se instruyeron otros grandes filósofos como Pitágoras, Platón, Eudoxio, etc.

Tanto la astrología babilónica como la egipcia se basaban en unos principios que tenían entre ellos muchas analogías: se basaban en libros sagrados, cuya redacción era atribuida a Thoth o Tat, considerado inventor de la escritura; los griegos lo identificaron posteriormente con su Hermes.

Las propiedades químicas de los cuerpos, al parecer tanto en Egipto como Asiria, se atribuían a la influencia divina y sideral; las riberas del Nilo eran la tierra clásica de la química, o mejor dicho, de la alquimia, voz que se deriva del egipcio "*Lem Kemi*", que aparece repetidas veces en los jeroglíficos egipcios, y cuyo significado es *"Tierra Negra"*. Según se cree, la quimera de la piedra filosofal o de la gran obra, también era originaria de Egipto, por eso se tiene la creencia que Diocleciano cuando hizo quemar los libros de alquimia de los egipcios, lo que en realidad quería era privarles de la gran suerte que estos tenían al disponer de un gran manantial de riquezas; donde el oro lo personificaba la diosa *"Noub"*.

Las ofrendas y sacrificios iban siempre acompañados de ritos destinados a consultar la voluntad de los dioses o hasta de verdaderos encantamientos. La confianza en ciertas fórmulas mágicas, en ciertos encantamientos, en la virtud de ciertos gestos, era excesiva; recurrían a ellos contra la fascinación, para invocar a los dioses, curar las enfermedades, cicatrizar las heridas y desviar la influencia malhechora atribuida a diferentes actos.

En la liturgia de los encantamientos, desempeñaban un papel importante las purificaciones, las cuales iban siempre acompañadas de palabras y prácticas muy análogas a los encantamientos. Dichas purificaciones al parecer han sido el punto de partida de los misterios.

Plinio cita las Pirámides de Egipto y el Tibet (los historiadores helenos y romanos no conocieron las de América), como poseedoras de un gran poder químico, ya que fueron, según se cree, construidas por los sobrevivientes de la Atlántida a imagen y semejanza de sus antiguos templos, que habían sido edificados partiendo de las bases de los esquemas cristalinos tetragonales. Aún hoy en día, algunos investigadores del tema opinan que la gran Pirámide de Cheops, en Egipto, debió de haber estado en sus orígenes cubierta o coronada por cristales diseñados para la canalización y al aprovechamiento humano de las fuerzas cósmicas del universo.

Otros autores antiguos han afirmado también, que la activación de esos grandes cristales generadores canaliza-

ban esas fuerzas cósmicas para trasladar, tallar y enlazar las gigantescas piezas areniscas con que están construidas las Pirámides y, siguiendo las técnicas atlantes, también se utilizaban cristales para iluminar los túneles interiores y las cámaras durante la construcción de las Pirámides y templos. En el antiguo Egipto, el uso ornamental de gemas y joyas era absolutamente reservado a las castas reales, luciéndolas en forma de tiaras, diademas, pulseras, pectorales, ajorcas y pendientes. También eran engarzadas en los espaldares de los tronos y en los sarcófagos en que sepultaban a sus muertos. Dentro de los ritos funerarios un hecho muy importante consistía en colocar en la cultura faraónica un cristal de roca de dos puntas sobre la frente del cadáver, con su eje de refringencia paralelo al del cuerpo, creyendo que su transparencia iluminaría el camino de su alma hacia la eternidad.

Posiblemente el material mágico que usaron los antiguos egipcios fue lo que le ha dado este poder a las Pirámides; o tal vez fuera porque una Pirámide es un triángulo, y un triángulo representa el bloque de construcción universal del cual derivan todas las figuras geométricas hasta el círculo y el cuadrado. Una Pirámide tiene tres lados, o lo que es lo mismo, se compone de un triángulo equilátero lo que es también una de las expresiones más importantes de la Ley de los Tres, que es una de las muchas Leyes Universales que gobiernan nuestras vidas, que no podemos probar ni tampoco ver, sólo experimentar, como la Ley del Karma.

La interacción entre tres fuerzas, es lo único que genera movimiento; desde muy antiguo se sabe que todos los fenómenos que existen desde los dioses hacia abajo surgen de la interacción de tres fuerzas. Con sólo dos fuerzas se conseguiría un equilibrio perfecto pero carente de movimiento, por eso la introducción de una tercera fuerza produce una reacción en forma de cambio o movimiento. Esta interacción es una ley universal que no permite que nada permanezca estático.

La Ley de los Tres se encuentra en todo lo que nos gobierna en la vida; valga como ejemplo que la doctrina cristiana está basada en la Trinidad del Padre, Hijo y Espíritu Santo; los tres se unieron para crear el universo. En física la combinación de dos átomos de hidrógeno y uno de oxígeno produce agua; para que se dé progresión mental, una escuela esotérica de filosofía de principio de siglo, basaba sus creencias en el concepto de que el universo siguiera la Trinidad de una fuerza activa, otra pasiva y otra neutral, discutido aun hoy en día; en numerología el tres, es el número de lo completo, el principio, el centro y el fin; por eso la Ley de los Tres está perfectamente representada por la estructura geométrica de una Pirámide.

Matemáticamente una Pirámide es un poliedro limitado por un polígono plano, que es la base en la que todas las demás caras laterales son triángulos que tienen respectivamente como base los diferentes lados del polígono y un vértice común. El área lateral de una Pirámide regular es igual al semiproducto del perímetro de su base por su apotema, dando así que el volumen de una Pirámide cualquiera es igual al tercio del producto de la superficie de la base por la altura.

Sabemos que la Pirámide en Egipto, en sus orígenes, estaba reservada exclusivamente al faraón cuyos restos albergaba. Por su forma simbolizaba la escalera que llevaba al faraón hacia Ra, el dios del Sol. Perfeccionada en su rigor geométrico en Gizeh, evoca con gigantismo la Pirámide de Cheops que medía originariamente 146,60 metros de altura. La petrificación de los benéficos rayos del Sol, junto con su estructura cósmica y posiblemente para lo que fueron creadas, le han dado su poder mágico. No se pueden definir las Pirámides simplemente como lugares de culto o simples tumbas de mayor a menor magnificencia. En ellas hay algo más, como hemos podido comprobar en abundantes pruebas. Las Pirámides poseen un poder, que definimos como mágico, pero si lo analizamos profundamente descubriremos que es tan natural como las fuerzas cósmicas que intervienen en sus engimáticos efectos.

I

HISTORIA GEOGRÁFICA DE LAS PIRÁMIDES DE EGIPTO

Situado al nordeste de África en el centro del mundo antiguo se encuentra Egipto en el valle inferior del río Nilo, zona larga y estrecha en pleno desierto que termina en la costa del mar Mediterráneo por el delta del Nilo, llanura triangular en forma de abanico surcada por canales y por los brazos del Nilo. Cada año por el solsticio de verano, las aguas crecen y sirven para fertilizar las tierras del valle; ya Herodoto decía y con razón que *"Egipto es un regalo del Nilo"*, esto era allá por el 440 a. de J.C.; decía: "*cualquiera que visite Egipto comprenderá que ese país es un don del río*"; Rudyard Kipling también llamó a Egipto *"un huerto estrecho y alargado"*, ya que es esencialmente una estrecha franja verde socavada por el Nilo en la roja arena de un desierto carente de lluvia, pero que con el sistema de riego creado por los antiguos egipcios extendieron la franja fértil ampliándola hasta una anchura de tres a treinta kilómetros en el Alto Egipto, que fue ensanchándose más y más hasta alcanzar los doscientos kilómetros en el delta del Mediterráneo.

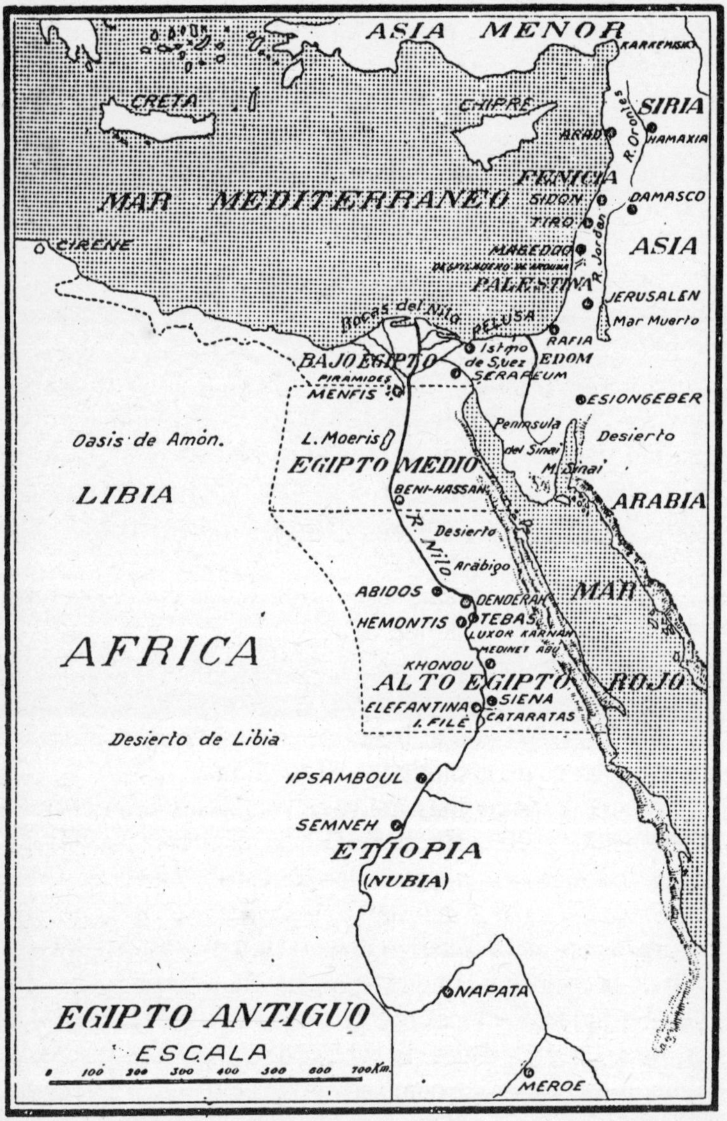

Mapa del antiguo Egipto

LOS PRIMITIVOS EGIPCIOS

No existen vestigios prehistóricos de que el Valle del Nilo fuera habitado, pero sí las alturas próximas que bordean el desierto donde se han descubierto utensilios de pedernal tallados y poco más por lo que se desconocen sus ritos funerarios. Posteriormente del tiempo que precede al Egipto histórico, el llamado predinástico, sí se conocen más vestigios, como restos de habitaciones humanas y sepulcros que contienen huesos, que por su estudio se ha demostrado que los primitivos egipcios ya creían en la supervivencia, si no del alma al menos de la personalidad de los difuntos, a los que enterraban con víveres, adornos y objetos personales. La cerámica hallada ha demostrado también que eran hábiles alfareros; pero en realidad el origen del pueblo egipcio es aún hoy desconocido. Sólo se sabe que pertenecían a la raza que, en tiempo pasado, habitó la cuenca del mar Mediterráneo, que estaban emparentados con libios y bereberes. Organizados en clanes con su respectivo *totem*, se cree que estos pueblos lucharon unos con otros, donde destacó la supremacía del clan *Horus* en el alto Egipto o país del sur y la del clan Set en el bajo Egipto o país del norte, que se fusionaron con el tiempo constituyendo el imperio o monarquía tinita, en las inmediaciones de la ciudad de *Tinis Abidos.*

Los documentos más antiguos escritos descubiertos se refieren a los primeros soberanos que reinaron sobre las dos partes del país a los que se les llamaban *"señores de las diademas del norte y del sur"* o *"reyes del alto y bajo Egipto"*, de donde se caracterizó en la monarquía tinita la invención de la escritura, aunque de época tan lejana sólo quedan brevísimas inscripciones que han dado nombres de personajes, títulos o dignidades. El dibujo de la página siguiente te demuestra la forma de cómo escribían en piedra los antiguos egipcios.

Escribas. Relieve del S. XVII antes de J. C. (Mus. de Florencia).

ORGANIZACIÓN SOCIAL Y POLÍTICA

El Nilo hizo algo más que sustentar a Egipto con sus inundaciones cargadas de fértil lino. Así hizo que los antiguos egipcios, ascendientes de los actuales fallahs, fueran un pueblo sedentario dedicado exclusivamente a la agricultura, pueblo pacífico y laborioso que cultivaba la tierra y que vivía apegado a la familia y honraba a la mujer, a diferencia de otros países de Oriente donde la mujer vivía recluida en el *harem*; ésta gozaba de situación privilegiada, siendo dueña de sus acciones, como el marido, y ejercían gran autoridad moral sobre los hijos, teniendo la mujer los mismos derechos que el hombre.

La población la comprendía cuatro clases sociales: gerreros, sacerdotes, artesanos y esclavos. Las dos primeras clases sociales compartían junto al Faraón la autoridad y riqueza; la tercera clase, los artesanos, se dividían en varias categorías, según el oficio que practicaban; la cuarta clase, los esclavos, sólo eran cosas, se podían vender, azotar y condenar a muerte por sus amos.

EL PODER SUPREMO DEL FARAÓN

El Faraón no solo era omnipotente sobre sus súbditos, sino que también era considerado de origen divino y adorado como un dios; para el pueblo, el Faraón no sólo era un monarca de derecho divino, representante de Dios sobre la tierra, sino un rey-dios, eje de la sociedad y dueño de vidas y haciendas, defensor tanto del poder espiritual como del temporal; organizaba el culto de los dioses sus padres y sus hermanos; mandaba edificar templos, palacios y suntuosos sepulcros llenos de provisiones, para más allá de esta vida. Para conservar la pureza de la sangre divina que corría por sus venas, el Faraón tomaba esposas, entre las hembras de sus familias, incluso sus hijas y hermanas.

EL DON DEL NILO

Aparte de la riqueza agrícola que el río aportó al valle, también fue el gran unificador, la principal arteria de comunicación y comercio por donde navegaban embarcaciones de todos los tamaños y surcaban sus aguas continuamente dando origen al floreciente comercio de los egipcios.

Alimentado por las nieves de las montañas de Abisinia y del África ecuatorial, el Nilo inicia su crecida anual a finales de julio y culmina en octubre. Los egipcios supieron adaptar sus faenas agrícolas a estas crecidas, anotando cuidadosamente el comienzo de cada una de ellas y al cabo del medio siglo hallaron que el promedio de tiempo entre las crecidas anuales era de 365 días, dando origen al primer calendario solar del mundo, al que los egipcios dividieron en tres estaciones de cuatro meses, de treinta

días cada uno más cinco días que añadieron al conjunto para completar el año solar. Pero el Nilo no era tan regular ni tan pacífico como para dormir tranquilamente a su orilla. Con el tiempo las aguas fueron cavando un profundo cauce en la meseta egipcia, de suerte que los márgenes de la ribera fueron ganando en altura. Ello dificultó la irrigación, por cuanto significaba un esfuerzo constante al tener que acarrear el agua, así como limpiar y reparar las acequias y los canales. De la misma forma que una crecida que superara en unos centímetros la altura normal podía ocasionar grandes daños a la propiedad, una inundación insuficiente significaba privar de riego a los campos y, como consecuencia, el hambre. El sueño interpretado por José en el *Génesis*, según el cual habrían de sobrevenir a Egipto siete años de abundancia y siete años de escasez, tenía una base real. Pero tales períodos alternos de prosperidad y de desastre no eran demasiado frecuentes, y los hombres del Antiguo Imperio, confiados en el poder de su rey-dios y firmes en su convención de que eran un pueblo elegido, creían que cualquier contratiempo nacional no podía ser más que pasajero.

UNA NACIÓN GOBERNADA POR REYES–DIOSES

De tez morena, no muy altos, pero esbeltos y fornidos, los egipcios aparecieron en el escenario de la historia hacia el año 3100 a. de J.C., como un producto del crisol afroasiático. Por lo menos algunos de ellos debieron emigrar a Egipto en busca de agua cuando la otrora fértil región del Sáhara comenzó a secarse. Al igual que los pueblos del Indo y de Mesopotamia, se encontraron con una tierra áspera e indómita. Las riberas del Nilo eran pantanos recubiertos de papiros y bordeados por el desierto, que exigían un esfuerzo común de limpieza, drenaje e irrigación.

Pero el valle selvático del Nilo ofrecía, en cambio, dos enormes ventajas: una superabundancia en perspectiva y la seguridad de un aislamiento relativo. Con regularidad bienhechora, el Nilo se desbordaba todos los veranos para depositar en sus orillas un fértil légamo negro, del que los egipcios obtenían dos y hasta tres cosechas anuales. El valle estaba guardado por el desierto en sus lados oriental y occidental; al Sur, por las cataratas del Nilo; al Norte, por un Mediterráneo cuyas aguas, hace cinco mil años, pocos hombres se habían atrevido a surcar. Así, los habitantes del valle del Nilo gozaron de muchos años de paz, sin verse atacados por gentes extranjeras, y durante este tiempo pudieron edificar una sociedad con caracteres peculiares.

Pero el medio ambiente, como en Sumer y en la región del Indo, no podía proporcionar más que unos problemas

Osiris, Isis y Horus (Louvre).

y unas oportunidades. Los egipcios, como todos los hombres, necesitaban ideas y alguien que los guiara. Al parecer, los sumerios les traspasaron algunos de sus elementos culturales, sobre todo la escritura que sin duda contribuyeron a que aflorara su civilización. Pero las dos ideas que sustentaron la duradera civilización del Nilo eran creación exclusiva de los egipcios.

La primera de ellas fue la idea de unión. El valle del Nilo, al norte de las cataratas, constituye una unidad natural, económica, política y social. Pero hasta el año 3100 a. de J.C. fue un punto de encuentro entre tribus y aldeas en constante enemistad, ampliamente divididas en distritos Altos (del Sur) y Bajos (del Norte). Dice la tradición que el genio que logró la unificación fue un rey llamado Menes, que colocó bajo un mismo régimen tanto la angosta faja del Alto Egipto como el ancho, extenso y pantanoso delta del Bajo Egipto. La segunda idea consistió en otorgar carácter divino al monarca. En una época en que nadie dudaba del poder absoluto de los dioses, la existencia de un dios visible consagrado al gobierno y guiador de la nación debía ejercer una profunda influencia unificadora a la vez que representaba una fuente de enorme confianza.

Aunque poco se sabe de Menes o de sus sucesores de la primera y segunda dinastías, es de suponer que sus reinados debieron constituir firmes períodos de consolidación. Porque cuando aparece la tercera dinastía hacia el año 2700 a. de J.C., la todavía intermitente luz de la historia revela un Estado altamente organizado, al que no le falta ni el gobierno central ni los impuestos ni los censos, y también una sociedad dotada de gran habilidad tecnológica, de un maduro y flexible lenguaje y de un sistema de medición del tiempo que dio origen al primer calendario de 365 días. La tercera dinastía abrió las puertas al medio milenio de civilización egipcia conocido como el Antiguo Imperio, durante el cual la cultura nacional cobró forma y determinó un estilo y un carácter.

Fue un período de fecundidad exuberante en el que los egipcios perfeccionaron sus históricas innovaciones en el arte y en la arquitectura. Con el papiro de los pantanos manufacturaron el primer papel y, como complemento, inventaron la tinta. Sacaron a la medicina del reino de la magia, formularon los primeros diagnósticos científicos e hicieron los primeros estudios de anatomía.

Los egipcios demostraron menos inventiva que los sumerios, pero crearon una civilización más feliz y duradera que, a través de las tres épocas principales conocidas como los Imperios Antiguo, Medio y Nuevo, y bajo más de treinta familias gobernantes, desde la primera dínastia hasta la última, fundada por Ptolomeo en el año 323 antes de Jesucristo, perduró unos tres mil años.

Los documentos escritos, el arte y los utensilios conservados por el aire seco del desierto, en las Pirámides y en otras tumbas del Imperio Antiguo, revelan que los egipcios tenían la honda convicción de haber sido escogidos por la divina providencia para un gran destino nacional. Eran enérgicos, ingeniosos, pragmáticos, individualistas y amantes de lo grande y ostentoso, confiados en sí mismos hasta la jactancia. Su máxima aspiración era el éxito material, la obtención de riquezas que esperaban poder llevar consigo a la otra vida.

LA MONARQUÍA FARAÓNICA

En los cuarenta y cinco siglos que abarcó la historia del antiguo Egipto reinaron treinta familias o dinastías de faraones; aunque sólo nos basaremos en la *monarquía menfita*, que fuera sucesora de los reyes tinitas, y cuyo soberano más antiguo fue *Menes*, a quien la tradición supone fundador de *Menfis*, antigua capital, emplazada en las inmediaciones del Cairo, en el Bajo Egipto. De la primera dinastía menfita data la Pirámide de Sakarah, el más antiguo de los grandes monumentos funerarios. A la IV pertenecieron los reyes *Cheops, Kefren* y *Mikherinos*, constructores de las célebres Pirámides de *Gizeh* y de la Esfinge. Los de la XI dinastía trasladaron la capital de la monarquía a *Tebas*, en el alto Egipto, conquistaron la Nubia y construyeron el *lago Moeris*, enorme pantano destinado a regular las crecidas periódicas del Nilo.

El lago Moeris era un depósito destinado a almacenar las aguas del Nilo para remediar la sequía de los campos cuando la inundación del río era insuficiente. Fue cons-

La Esfinge de Gizeh.

truido por el rey Amenhemat III. Herodoto dice que medía 3.000 estadios (53 km.) de contorno.

Durante la XIV dinastía fue el Egipto invadido militarmente por los *Hicksos*, tribus o bandas originarias de Siria o de Palestina, que, después de establecerse en el delta, señorearon todo el país, hasta que una familia de príncipes tebanos lo liberó de aquella dominación extranjera (dinastia XVII).

La monarquía menfita fue pacífica; pero no la tebana, pues los príncipes de Tebas, habiendo conquistado el poder supremo a precio de largas luchas, tuvieron que apoyarse en el ejército para apaciguar los países vecinos y extender las fronteras del reino. Aquel largo aprendizaje militar preparó el advenimiento de los grandes conquistadores de las dinastías XVIII y XIX que señala el apogeo del imperio faraónico (1500-332 antes de J.C.).

La Piramide de Gradas de Sakkarah

Inauguró la era de las grandes conquistas *Tutmes I*, invasor de la Siria y luego del Sudán, siguiéndole *Tutmés III*,

Mastaba de dos puertas (segun A. Moret)

El Escriba sentado (Louvre).

que hizo efectiva la autoridad del Egipto en Asía Menor, embelleció Tebas, engrandeció el templo de Karnak, en el que inscribió el relato de sus campañas y de las de sus antepasados, adornándolo con sus efigies; *Amenhofis III*, hábil diplomático, político y organizador de talento, guerrero y constructor infatigable, de cuyo reinado datan los más bellos templos egipcios; *Amenhofis IV*, que por razones políticas cerró los santuarios del dios *Amón*, señor de Tebas, trasladó la capital de la monarquía a Heliópolis, poniéndola bajo los auspicios del dios *Atón* (el Sol), hecho que promovió la protesta del cuerpo sacerdotal, protesta seguida de una revolución religiosa y luego de reacción bajo sus dos sucesores inmediatos, uno de los cuales fue *Tutankamón*, tan popular en nuestros días por el descubrimiento de las riquezas halladas en su magnífico sepulcro.

Inició la XIX dinastía *Ramsés I*, cuyo Hijo *Setis I* fue un gran conquistador que llevó sus armas hasta el país de los *hititas* en Asia Menor, Babilonia y Asiria. Testimonio de sus gigantescas construcciones son su sepulcro y la gran sala hipóstila de Karnak.

La fama de los grandes faraones fue secuestrada por el recuerdo de su hijo Ramsés II, a quien se confundió con el legendario Sesostris de las historias griegas y que, si bien edificó grandes monumentos, se apropió sin escrúpulo de la gloria de sus antecesores, sustituyendo sus nombres por el suyo y haciendo escribir poemas ditirámbicos en su honor.

En los últimos tiempos de la XIX dinastía fue perdiendo Egipto sus adquisiciones en el exterior, y en el siglo XI antes de J.C. se hallaba ya en plena decadencia. Los monarcas de las dinastías posteriores no son en realidad más que nombres. El país se dislocó, dividiéndose en principados autónomos; la fuerza militar pasó a manos mercenarias (libios) y fue el Egipto invadido por etíopes y asirios, acusándose durante las últimas dinastías la influencia helénica, hasta desaparecer conquistado por Cambises, rey de Persia, posteriormente por Alejandro Magno y después por los romanos.

II

CÓMO SON LAS PIRÁMIDES

Partiendo de ciertas características de la magnitud de la gran Pirámide se ha hecho el sentido esotérico de ésta.

La base cuadrada de la Pirámide son 232,666 metros de lado, la superficie edificada son 53.000 metros cuadrados y su altura aproximada es de 149 metros. El peso complexivo de la piramide, si se tiene en cuenta el peso específico de la piedra que se empleó en su construcción, es de 5.955.000 toneladas. Estas medidas fueron tomadas en primer lugar por Taylor, ingeniero inglés, y confirmadas posteriormente por los arqueólogos Bevendeli, Piazzi, Smith, Moreaux y Noetling, y el ingeniero alemán Max Eyth.

La cábala ha dividido el lado de la base por la mitad de la altura y obtiene 3.141.159, es el número x, que es la relación constante entre la circunferencia y su diámetro; ¿quisieron tal vez los arquitectos egipcios consignar tal constante?; entre los expertos existe división de opiniones.

Otra reflexión con más peso que la anterior es que: al estar configurada la base de la pirámide por un cuadrado, sus lados presentan una rigurosa orientación sobre los ejes

este-oeste y norte-sur; pues bien, se da la sorprendente circunstancia que los meridianos y los paralelos que determinan su posición en el globo son los de mayor longitud, por lo tanto, el edificio estaría en el "punto central" de la superficie de la tierra. Puede que sea por intención de los arquitectos egipcios, o puede que sea por casualidad; pero si el resultado fuera por intención aún sigue quedando la duda de el porqué del poder mágico de las Pirámides.

Los piramidólogos tienen otra respuesta: ellos consideran que los egipcios sabían lo que hacían, porque dividiendo la longitud de la base de la Pirámide por 365,2522 lo que equivale al número de días del año, se obtiene 63.7 cm., cifra idéntica a la diezmillonésima parte de la mitad del diámetro de la Tierra; dividiendo luego 63,7 por 25 el resultado es 2,548 cm., exactamente una pulgada, que equivale a la quinientomillonésima parte de la longitud del eje de la Tierra también la distancia que hay entre la Tierra y el Sol son 149 millones de kilómetros, lo mismo que en metros tiene de altura la Pirámide 149 metros. La

Pirámide pesa 5.955.000 toneladas; el peso de la Tierra es un múltiplo exacto de el; trazando un meridiano en el punto de la Pirámide, las superficies emersas del globo quedan divididas en dos partes iguales. Esta línea imaginaria atraviesa un máximo de continentes y un mínimo de mares; también se ha podido observar que la sombra que proyecta la Pirámide marca con exactitud matemática las fechas de los equinoccios de primavera y otoño igual que los solsticios de invierno y verano. El recorrido de la Tierra en su órbita en las 24 horas son 100.000.000.000 de pulgadas. Multiplicando esta longitud por los 365 días se obtiene la longitud completa de la órbita terrestre alrededor del Sol; la distancia que hay entre la Pirámide y el polo norte es la misma que entre la Pirámide y el centro de la Tierra.

Si levantamos un cuadro sobre la altura de la Pirámide se obtiene una superficie igual a la de cada una de las cuatro caras de la misma y un conjunto que permitiría deducir los elementos y relaciones geométricas que configuran la mecánica del sistema planetario.

Nadie puede poner en duda que Egipto fue tierra de poderosos magos, como se ha podido comprobar en los muchísimos papiros encontrados donde nos hablan de las muchas y diferentes prácticas llevadas a cabo en este campo como en otros de la medicina; aunque todo puede que no hubiera sido posible saberse al no ser, según cuenta la historia de que el 7 de agosto de 1798, el almirante Nelson venció a la flota francesa en Abukir, de no ser por este acontecimiento, tal vez Egipto jamás hubiera revelado sus misterios. Sucedió que tras la derrota naval francesa y ante el temor del desembarco enemigo, la emprendieron a cavar trincheras para defenderse y repeler los ataques a lo largo de la región del delta del Nilo, donde aparece el primer hallazgo cuando, de repente, la pala de un soldado tropieza con una piedra plana. La curiosidad le llevó a limpiarla descubriendo en su cara más plana tres tipos de inscripciones consistentes en: catorce líneas de jeroglíficos, 32 de jeroglíficos simplificados y 54 líneas de texto en griego.

La suerte fue que a diferencia de hoy en día, hasta el propio Napoleón, además de los expertos, eran conocedores del griego, pudiendo conocerse con rapidez el contenido de la tablilla de Rosetta (nombre con la que se denominó, al ser hallada por esa localidad). La tablilla informaba que en el año 196 a. de C. los sacerdotes de todo Egipto participaron en una importante reunión en Menfis, para establecer qué honores se debían tributar al joven rey Tolomeo en agradecimiento por su generosidad para con los templos y el clero. La decisión fue que se erigiese en el templo de Menfis una estatua del rey y que se colocase a su lado una lápida conmemorando el hecho, redactada en los tres idiomas del país: egipcio antiguo, neo-egipcio, o demótico, y griego.

Los franceses terminaron perdiendo la tablilla sin conseguir dar con la clave de los jeroglíficos en la derrota de Egipto, donde se adueñaron de ella los ingleses y la trasladaron al British Museum de Londres, donde tampoco tuvieron éxito.

En Francia por otra parte se formó una expedición de sabios que investigaron, animados por Napoleón sin lograr notables resultados, aunque uno de los miembros de la expedición, llamado Dominique Vivant Denon, a su regreso a la patria quiso sacar buen provecho de su aventura en las tierras de los faraones. Publicó para ello una obra de 24 tomos de texto acompañada de otros 20 tomos de dibujos a la que llamó *"Description de l'Egypte"*. La obra alcanzó gran popularidad. Fue muy discutida por los científicos ya que dudaron mucho de los hechos científicos que aportaban, porque la profesión de Denon era lo de pintor y sus mayores hazañas eran el éxito que tenían con las damas.

III

EL INTERÉS POR LA HISTORIA DEL ANTIGUO EGIPTO

Sabido y aceptado es hoy en día que la civilización egipcia fue la primera que surgió en el área de la media luna fértil, o sea entre el golfo Pérsico y el Mediterráneo norteafricano. Es de suponer que en el valle del Nilo la población tuvo que ser una mezcla de razas diversas, procedentes todas ellas del área mediterránea, alpinos y montañeses llegados de Europa, de Asia y del norte de África, por lo que muchos historiadores mantienen la opinión de que en una población mezclada así disminuían los negros ante el elemento blanco; pero contrariamente a lo que podamos suponer, el pueblo egipcio nunca ha gozado de gran simpatía entre los arqueólogos, antropólogos e historiadores, quizá debido a prejuicios raciales; el pensar que se trataba de una región de África, no se podía concebir que unos negroides estuviesen por delante de los blancos mesopotámicos y arios.

La mentalidad cristiana y creyente europea no podía aceptar el hecho tangible de que espléndidos monumentos egipcios fueran un testimonio de una civilización que ponía en contradicho las afirmaciones de la Biblia acerca del origen del mundo. Para no caer en contradicciones la sociedad europea sólo se ocupó de ignorar en todo lo posible todo lo egipcio, no investigarlo y fijar con ello la antigüedad de su historia en consonancia con la Biblia. No fue sino hasta después de la primera década del siglo XIX, cuando se empezó a creer en otras hipótesis sobre los orígenes de la historia. Hasta entonces se afirmaba, sobre todo y principalmente en los núcleos religiosos que la humanidad entró en la Historia en el año 276 a. de C. y que el período prehistórico sólo abarcaba unos pocos miles de años antes, llevando la fecha sólo hasta el 26 de octubre del año 4004, a. de C. a las 9 de la mañana, fecha que tuvo lugar la creación del mundo. A mediados del siglo XVIII, el naturalista y escritor francés, Georges Louis Leclerec (Buffon), fue el primer hombre que se atrevió a decir que el mundo existía desde hacía 75.000 años. El clero, sus colegas y toda la intelectualidad en general de la época, se le vino encima, pero ya dio que pensar, a aquellos investigadores que, ignorando los más

elementales rudimentos de la paleontología, se los saltaban por las buenas. Se despertó la curiosidad por la historia, y fue el belga Pirenne quien llevó a cabo las clasificaciones raciales más serias, precisando que el fondo negroide del pueblo egipcio estaba constituido por elementos de raza camítica, como los galas y los somalíes, o sea, negros mestizados con árabes, y fijando en el sudeste de Egipto bereberes de Libia.

GRECIA EN EL NILO

Tradicionalmente se sabe que el comienzo de la salida de los griegos de la barbarie, fue cuando entraron en contacto con la civilización del Nilo, por lo que cabe suponer que todo el florecimiento filosófico y científico de los griegos, esté basado en enseñanzas egipcias, porque como sabemos, Alejandría, la que fuera el centro científico del helenismo, se encontraba en Egipto, por lo tanto cabe suponer si *Euclides*, piedra angular del pensamiento occidental, no tuviera también la tez morena, ya que en Alejandría nació y vivió toda su vida dedicándose a la enseñanza y a la investigación de sus predecesores que ya estaban muy adelantados. Tal vez fuera esto otro motivo de hostilidad hacia el pueblo egipcio, sin que por ello hayan conseguido apartarlo definitivamente. El interés de la egiptología es muy reciente; esta ciencia nació el siglo pasado y por muchos reparos que se le opuso en cuanto a objetividad nadie puede negar que tiene el mérito de haber arrojado extraordinaria luz al capítulo más fascinante de la historia de la Humanidad.

IV

EL VALOR Y EL PODER DE LA MAGIA EGIPCIA

Ante la vista de los pueblos que históricamente les tocaron vivir en la misma época egipcia los griegos, los persas, los macedonios y los romanos, Egipto ya era famoso. Se le sabía que era una tierra de poderosos magos, cosa que era del todo incierto, porque en su última época histórica Egipto se fue deslizando paulatinamente hacia una interpretación supersticiosa de su patrimonio científico heredado de sus antepasados.

Cuando Egipto perdió toda la conciencia cosmológica que fundamentaba todas sus aplicaciones técnicas, y perdido todo el rigor metodológico de los experimentos, todas sus antiguas teorías y fórmulas que producían efectos maravillosos en todos los campos de la ciencia en generaciones sucesivas pasaron a ser sobrenaturales, ya que como se supone, y se está de acuerdo en todo el campo de egiptología, que el adelanto de la ciencia de Egipto abarcaba desde la antigua prehistoria hasta el final del Imperio Menfita, hacia el 2160 antes de la era cristiana. Fue a par-

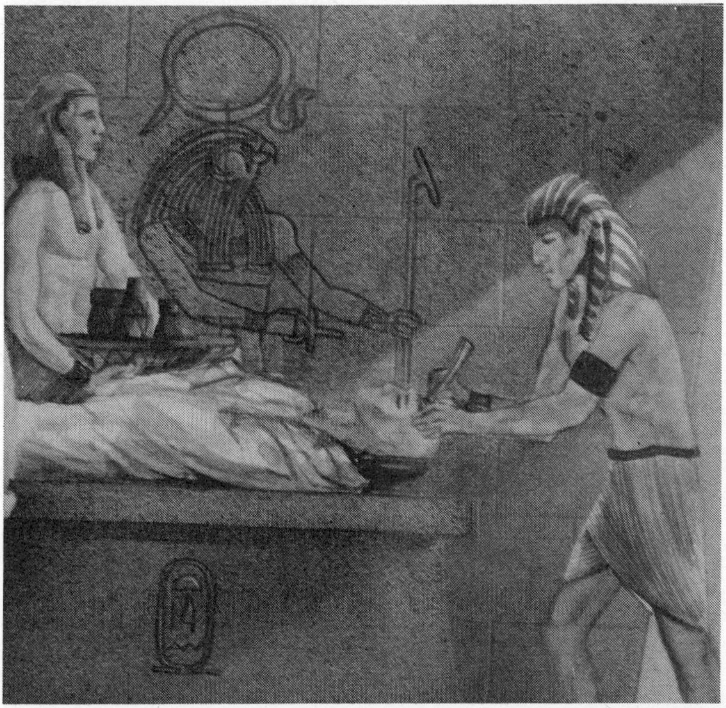

tir de entonces, cuando se estableció el predominio tebano, cuando la ciencia y la técnica egipcia entró en decadencia. Los poderosos maestros en la materia no hacían otra cosa que copiar a los antiguos, sin profundizar en nuevas investigaciones. Con el paso del tiempo, el nivel de vida, sobre todo de la clase dirigente y sacerdotal, se fue degenerando, ocupándose únicamente del lujo y la sofisticación, dando sólo enriquecimiento a la decoración de los objetos personales, joyería, muebles, objetos decorativos, etc.; quedándose estancada por completo todo el campo de la ciencia, sin registrar ningún proyecto. Aunque según se ha podido constatar, el clero, depositario de la antigua ciencia egipcia, fue el principal responsable de esta transformación social debido al ansia de mantenerse a toda costa en el poder; por ello, se basaron en explicarlo todo como misterios mágicos. Al preguntarse acerca de la razón de ser, y no hallar respuestas que llegaran más allá del funcionamiento de las cosas, creó esa atmósfera de pesimismo y de falta de ilusión por todos los logros alcanzado en la civilización paralizando la lucidez del ingenio; es cuando el hombre se siente tan insignificante, tan débil e impotente que es incapaz de buscar respuestas a las realidades en las que se encontraba sumergido, sólo las busca en las especulaciones del sueño y la fantasia. Para hallar explicaciones y revelaciones maravillosas iluminaciones y visiones metafísicas o dogmas que destierren las dudas, protecciones divinas, ritos y formulismos infalibles, ya sea para el bien o para el mal, desterrando el saber aséptico logrado como inmoral y basando sus creencias en los Mitos y Teologías, dando crecimiento desmesurado del poder de los dioses, ya que todo depende de ellos, porque fueron quienes revelaron las fórmulas mágicas y dictaron las leyes. Así fue como la disgregación intelectual de los egipcios a través de los siglos, de su historia fue agonizando lentamente hasta la muerte de su extraordinaria civilización.

EL MISTERIOSO EGIPTO

El último de los grandes faraones de Egipto fue Ramsés II, abarcando su reinado desde el 1198 hasta el 1166 antes de la era cristiana. Posterior a su reinado Egipto vivió otros mil años más como nación independiente, aunque tuvo gobiernos de soberanos nacidos en territorio extranjero. Nunca jamás volvió Egipto a ejercer su antigua hegemonía como líder, por la pérdida de confianza que comenzó con el colapso del Imperio Antiguo. La sensación de inseguridad a causa de las invasiones de que ya era objeto, eliminaron por completo su hegemonía. El territorio fue invadido en numerosas ocasiones por etíopes, babilonios, asirios, persas y

finalmente en el año 332 a. de C., fue conquistado por Alejandro Magno, cuyo satrapa, Ptolomeo, fundó la que fuera la última dinastía del antiguo Egipto. En este período se alumbró el último destello de esplendor cultural, durante el cual la gran biblioteca de Alejandría se convirtió en un centro mundial de erudición, terminando este período con la muerte de Cleopatra en el año 30 a. de C.

Entre los legados que los egipcios dejaron al mundo actual, cabe destacar los más antiguos tratados de matemáticas, los primeros libros de medicina, el primer vocabulario anatómico y médico, la primera farmacopea que incluía el aceite de castor, las primeras instrucciones sobre cirugía, diagnosis y tratamiento de las enfermedades, y el modo de emplear vendajes, compresas, suturas y tablillas.

Mantuvieron una fe profunda en la magia de la palabra escrita, sustentando la creencia de que podían asegurar la realización de sus pensamientos y de sus esperanzas, sólo por el hecho de reprensentarlo por medio de escritura, como se ha podido comprobar en los numerosos papiros y tablillas encontrados en las Pirámides donde transcribían oraciones, súplicas, rituales antiguos y conjuros mágicos destinados a interceder ante los dioses y proyectar la soberanía de su monarca en los ámbitos del más alla, ya que en teoría el rey muerto era un dios, que volvía triunfante a reunirse con las otras deidades, los egipcios, no dejaban nada al azar.

LA INTERPRETACIÓN DE LOS JEROGLÍFICOS

Los jeroglíficos que decoraban las tumbas reales estaban realizados con exquisito cuidado; pero no menos despreciables eran los de usos ordinarios de la vida cotidiana, ya que el lenguaje escrito requería de grandes habilidades artísticas. La dificultad para descifrar la escritura egipcia fue mucha, debido a que desde muy antiguo, desde que Alejandro Magno conquistó el reino de los faraones, allá por el año 331 a. de C., la lengua egipcia dejó de hablarse imponiéndose la griega. Posteriormente al cabo de los siglos, cuando los romanos la asociaron a su imperio, ya nadie sabía interpretar ni los papiros antiguos ni las inscripciones, ni tan siquiera los que existían redactados en los dos idiomas, griego y egipcio, de los que sólo se sacaron conjeturas. En el siglo IV d. de C., el egipcio Hisparión redacta una pequeña obra, en la que apunta la teoría de que los jeroglíficos fueron probablemente fórmulas de símbolos mágicos. Trece siglos después, en el siglo XVII, Atanasio Kircher, jesuita alemán que vivió del 1601 al 1680, sacó una obra de cuatro tomos dedicados a traducciones de jeroglíficos; aunque en otros trabajos llevados a cabo por Kircher, como fuera el invento de la linterna mágica, o su trabajo educativo en la universalidad de Würzburg, etc., fuera muy valorado y acertado, en este caso de la traducción de jeroglíficos no acertó ni una, ni tan siquiera por casualidad, como se pudo comprobar años más tade, cuando los expertos franceses, aquellos que Napoleón animó a desentrañar los enigmas de las Pirámides, frente a las gigantescas de Gizeh, con aquella famosa frase que pasó a la historia de: "Soldados de la ciencia, desde lo alto de estas Pirámides seis mil años de historia os contemplan; ¡cumplid vuestra obra! ¡adelante!"; al basarse los expertos en la teoría del padre Kircher, no lograron llegar a nada, sólo aumentar confusiones y conjeturas.

Tras largos años de estudio apasionado llevado por expertos sobre la piedra de Rosetta, hubo quienes como Sacy, gran especialista en civilizaciones orientales, desanimado llegara a declarar que: "el problema era muy obtuso y por lo tanto científicamente irresolvible", lo que hacía suponer que los jeroglíficos egipcios estaban destinados a permanecer en el olvido.

Pero no fue así, ya que Okerblad consiguió descifrar algunos signos demóticos, al que le siguió Thomas Young, médico inglés, quien brillantemente se aventuró a formular la teoría de las ondas luminosas. También se aventuró a decir que había descifrado en algunos jeroglíficos la palabra "Ptolomesens". A Thomas Young, se le echaron encima todos los expertos poseídos por la ambición ardiente de ser el primero en anunciar al mundo sus logros. Así que no le permitieron comunicar a la sociedad sus logros que, aunque pequeños, eran ya un paso adelante.

Escritura Jeroglífica del año 1200 antes de J.C. (papiro del Museo Británico).

No fue sino hasta 1822 cuando Champollión pudo demostrar por fin, en la Academia de Ciencias de París, que "había logrado por fin descifrar los jeroglíficos", cosa que resultó cierta, aunque una gran jauría de envidiosos se ensañaron contra él llegando a acusarle hasta de alta traición. Sólo obtuvo la protección del duque de Blaccard, quien le ayudó a huir a Turín, y allí en la capital del Piamonte se instaló un importante museo de todas las obras que había ido recopilando con el paso de los años, donde se dedicó a seguir estudiando papiros e inscripciones sin ser molestado, donde poco a poco fue afianzando más y más el prestigio de su gran descubrimiento, basándose en considerar a los jeroglíficos como letras alfabéticas, lejos de pensar que fueran ideogramas simbólicos. Para Champollión tales letras formaban un alfabeto con un número de signos tres veces mayor que el alfabeto griego.

V

LA MALDICIÓN DEL FARAÓN

"La muerte tocará con sus alas al
que moleste al faraón muerto"
Tumba de Tutamkamón

A raíz de un accidente automovilístico que tuvo a finales del siglo XIX, el adinerado inglés Lord Carnarvon, el cual se veía obligado a pasar los inviernos fuera de Inglaterra, pues sufría dificultades respiratorias y el clima de Londres le sentaba mal. Fue en 1903, cuando Lord Carnarvon, llegó a Egipto por primera vez, no tardando mucho tiempo en iniciar sus excavaciones en este país, ya que era un consumado coleccionista de antigüedades. Lord Carnarvon se encontraba con la necesidad de aumentar sus conocimientos en el campo de la egiptología, por lo que entabló relaciones con Howard Carter, hombre de ciencia, de sólida y amplia cultura y experiencia. Lord Carnarvon se encargaría permanentemente de la inspección de todas las excavaciones.

En 1917, el primer año de la primera guerra mundial, Lord Carnarvon y Howard Carter consiguieron autorización del gobierno egipcio para realizar excavaciones en el Valle de los Reyes, en Biban-el-Muluk, donde ya habían sido descubiertas numerosas tumbas, entre las que se encontraba la del gran rey hereje, Amenofis IV. Carnarvon y Carter buscaban la tumba de Tutankamón, aunque sin tener seguridad pensaban que aún quedaba por descubrir esa tumba, a pesar de que el Valle de los Reyes por entonces ya había sido exhaustivamente examinado. La opinión profesional de la época estaba completamente en contra, pero Carter no cesaba en su empeño, ya que el hallazgo de una copa de porcelana con el nombre del faraón entre los restos de otra tumba y un arca de madera rota que también llevaba el nombre de Tutankamón en láminas de oro adornando dicha arca le llevó a seguir con su objetivo.

Tras trabajar durante un invierno completo, Carnarvon y Carter sólo encontraron unas chozas para obreros, construidas de pedernal, que indicaban siempre la cercanía de una tumba. Las chozas estaban al pie de la tumba abierta de Ramsés VI, Lord Carnarvon y Carter desistieron por entonces de seguir buscando en ese sitio para no privar a los turistas de la visita a esta tumba. Tras varios años de excavación por distintas partes del Valle, sin encontrar nada que valiera la pena, tomaron por fin la decisión de dedicar un invierno más al Valle, volviendo al sitio que dejaron a un lado seis años atrás.

Fue el 3 de noviembre de 1922 cuando Carter empezó a derrumbar las chozas, que resultaban ser fragmentos de cavernas de la XX dinastía; en tan sólo un día de excavación, debajo de la primera choza localizaron una grada de piedra; ya no existía la menor duda de que se encontraban ante la entrada de una tumba. Al pie de la decimosexta grada apareció una puerta cerrada, sellada con argamasa, con los sellos de la ciudad de los faraones fallecidos, garantía de que la tumba era de alguien importante.

En la fecha del 6 de noviembre, tan sólo tres días después del inicio de las excavaciones, Lord Carnarvon, que por entonces se encontraba en Londres, recibe de Carter el siguiente telegrama:

"Realizado en el Valle descubrimiento maravilloso: tumba sorprendente con sellos intactos; cubierto todo hasta su llegada. ¡Mi felicitación!"

Carnarvon y Carter llegaron ante la puerta sellada el 24 de noviembre por la tarde y vieron escrito el nombre Tutankamón, a la vez que se percataron que, como las demás tumbas del Valle descubiertas, había sido también profanada, por lo menos según sus observaciones dos veces.

Después de varios días de trabajo intenso, la excavación avanzó diez metros donde se encontró una segunda puerta, que contenía también los sellos de Tutankamón y los de la ciudad de los faraones muertos; según palabras del propio Carter, el hallazgo era "algo maravilloso". Tardaron 17 días en abrir la puerta, quedando impresionado ante lo que guardaba tras de sí la puerta.

Localizada una tercera puerta en la pared entre las estatuas del rey, que también habían sido profanadas, al descubrirlas poco después descubrieron una pequeña cámara lateral completamente llena de objetos y tesoros de toda clase, revuelto por los ladrones sin que al parecer hubieran podido robar nada. Había transcurrido ya un mes de tiempo desde que iniciaron las excavaciones en el lugar y antes de seguir tomaron la determinación de clasificar, en principio, los objetos encontrados por el momento, siendo necesario fijar la posición original de cada uno de ellos para poder así determinar la época de los objetos, y conservarlos adecuadamente para evitar el deterioro; para ello era necesario la consulta a expertos en la matería.

Urna custodiada por cuatro diosas, encontrada en la tumba

Catalogar el gran hallazgo requería un gran trabajo de organización y medidas que no se podían tomar allí, en el lugar del descubrimiento, por lo que se hacía necesario que Lord Carnarvon viajara a Inglaterra para contactar con el personal y material necesario. No fue sino hasta el día 16 de diciembre cuando se volvió a abrir la tumba, y el día 18 el fotógrafo Harry Burton, del *Metropolitan Museum of Arte*, fue quien hizo las primeras fotos en la antecámara y la salida de los objetos de la misma se inició el día 27 de diciembre, extendiéndose hasta mediados de febrero cuando quedó desalojada la antecámara. El 17 de febrero se procedió a abrir la puerta sellada entre las dos estatuas. Ante una veintena de personas, entre los que se encontraban miembros del gobierno egipcio y hombres de ciencias junto a Carnarvon y Carter.

Howard Carter subido encima de un saliente se dispuso con sumo cuidado a quitar las piedras de la puerta, observando con una linterna lo que aparecía detrás. Vio una enorme pared de oro que cubría toda la entrada y resultó ser el costado anterior de un gigantesco féretro, en cuyo interior había otros ataúdes, que guardaban el sarcófago con la momia.

Howard Carter en el momento de abrir el sarcófago de Tutahkhamón.

Las dimensiones de dicho féretro eran de 5,20 x 3,35 x 2,75 metros, dejando sólo 65 centímetros entre la pared y él; completamente cubierto de oro de arriba abajo, con incrustaciones en los costados, adornos de cerámica de un tono azul vivo, y cubierto de signos mágicos que invocaban protección para el muerto.

Cuatro fueron los féretros que Carter tuvo que ir abriendo uno a uno, quedando admirado y lleno de emoción ante el hallazgo cada vez que abría uno tras otro. Los cuatro féretros lo componían un conjunto de unas ochenta partes, sumamente pesadas y frágiles cada una de ellas, y de muy difícil manejo, siendo transportado desde la cámara sepulcral a fuera, durante 84 días de trabajo.

Una vez que el sarcófago de cuarzo amarillo quedó completamente despojado, la visión que ofreció a los presentes fue de enorme belleza. Una trilla enorme en un bloque del más noble cuarzo, de 3,75 metros de longitud, 1,50 de anchura y 1,50 de altura, cubierto con una losa de granito que, al levantar, albergaba primeramente en su interior gran cantidad de lienzo que lo cubría todo, y que fue quitando uno a uno con extremo cuidado.

Muchos fueron los obstáculos que Lord Carnarvon y Howard Carter tuvieron que franquear para acceder a la cámara en la que estaba depositado el sepulcro. Tras el ultimo impedimento, el que fuera la puerta que cerraba la cámara, la maldición del faraón comenzo a manifestarse, aunque para muchos detractores la famosa maldición solo era un cuento, una historia ridícula, una degeneración actualizada de las trasnochadas leyendas de fantasmas. Fuere lo que fuere, lo cierto es que Lord Carnarvon, murió, incluso antes de descubrir la momia. Fue picado por un mosquito, que le causó la muerte en tan solo seis semanas después, contando 57 años de edad. Se da la circunstancia, que entre millones y millones de picaduras de mosquito, rara vez aparece una que sea malsana, y cuando lo es, solo puede dar malaria, enfermedad que por entonces era curable, y que no causaba la muerte.

En su certificado de defunción consta que murió de "Neumonía Atípica". En su expediente clínico, están los informes de que padecía una tremenda y extraña infección en la sangre, que probablemente fue producida a consecuencia de un pinchazo o mordedura de algún insecto venenoso que recibió al penetrar en la cámara del tesoro de la tumba y que, a las pocas horas la pequeña mordedura se transformó en una fea llaga, empezando a arder de fiebre. En las seis semanas que duró su delirio, la enfermera que le cuidaba contaba que estaba aterrorizado, hablaba siempre con alguien invisible, pronunciando muy a menudo el nombre de Tutankamón. Un día cuando las luces se apagaron por el corte de suministro eléctrico, Carnarvon comenzó a gritar desesperado e histéricamente, y se le pudo entender lo que dijo: "Todo ha terminado para mi. He oido la llamada, y me preparo. Se acabó, ya voy", resolló como si alguien le oprimiera el cuello para ahogarlo. La enfermera enloquecida de espanto, salió precipitada fuera de la habitación pidiendo socorro, a los diez minutos cuando la luz volvió, Lord Carnarvon, estaba muerto en su lecho con una expresión de terror en su rostro y en los ojos, y muerto también estaba en ese mismo momento su perro que tanto le acompañaba.

Muchas fueron las hipótesis que se levantaron ante esta primera muerte de los halladores de la tumba de Tutankamón. Sin embargo, el egiptólogo Otto Nenbert, que tambien participó en las excavaciones, junto a Carnarvon y Carter, comenta en su libro *"El Valle de los Reyes"*, que Lord Carnarvon murió de repente; pero ¿cómo no dijo que el insecto que le picó, no fue el mosquito, sino un escorpión, animal sagrado para los egipcios? ¿Por qué nadie habló ni hizo caso de la siguiente inscripción grabada en la tumba?.

LA MUERTE TOCARÁ CON SUS ALAS AL QUE MOLESTE AL FARAÓN MUERTO

Cuando se descubrió la tumba de Tutankamón, uno de los fellahs (los obreros nativos) dijo proféticamente: "Esta gente encontraron oro… y muerte!"

Otro hecho que tambien dio que pensar a los componentes fue que durante el curso de las excavaciónes, Carter llevó a su canario al lugar, convivía con él en su cabaña. A los fellahs les entusiasmó el profundo canto de una avecita tan pequeña, con la que no estaban familiarizados y de la que opinaban que traía suerte. Cuando se descubrió la tumba la llamaron "la tumba del pajaro".

Los fellahs también dijeron a Carter cuando vieron en la antecámara las dos estatuas del rey, como si fueran centinelas que tenían una cabeza de cobra en la frente: "la cobra representa el espiritu tutelar del rey, y matará a todos sus enemigos antes y ahora".

A los pocos días de descubierta la tumba, después del trabajo Carter mandó a su criado a recoger el canario que había quedado encima de un montón de piedras en la antecámara. Cuando el criado llegó se quedó horrorizado viendo cómo una cobra, de la cual no se percataron durante el trabajo, había sacado al canario de la jaula, al parecer con la lengua y lo estaba devorando. Posiblemente fuera casualidad, ¿quién sabe qué?, al parecer quién sabe si tenían o no fundamento los hechos que venían sucediendo, o lo que decían los fellahs.

El gobierno egipcio decide que antes de que la momia fuera trasladada al Museo de El Cairo, el radiólogo Archibald Douglas Reid la radiografiara. Al día siguiente de realizar su trabajo, sintió molestías en su cuerpo por lo que tomó asunto de volver, a Londres a los pocos días falleció de repente, justamente en el mismo momento en que estaba radiografiando a otra momia.

Ante el estado de inquietud que se creó prácticamente en todo el mundo y las supersticiones que empezaron a invadir la mente de los no creyentes, el gobierno egipcio mandó a un famoso encantador de serpientes de la época a experimentar en la tumba en compañía de representantes del gobierno. Mientras experimentaban en el interior, salieron de la tumba una cobra y otra serpiente. La tarea tuvo que ser interrumpida en el momento en que el representante de gobierno se sintió tan mal ante la convicción de que algo misterioso estaba al acecho.

LAS MUERTES FUERON SUCEDIENDO

Nadie podía dar crédito a lo que sucedía, pero lo cierto es que seis meses después de la tan misteriosa muerte de Lord Carnarvon, falleció también de repente, el coronel Andrey Herbert, el famoso hermanastro coronel de Carnarvon, según se dictaminó "suicidio provocado por un arrebato de locura". Puede que los fellahs, estuvieran en lo cierto en sus exclamaciones, pero sea cierto o no, la verdad era que las víctimas de la venganza del faraón iban aumentando por momento.

Poco después del fallecimiento del radiólogo Archibald Douglas Reid, murió también como éste de muerte clínicamente inexplicable Arthur C. Mace, colaborador de Carter del *Metropolitan Museum of Art de Nueva York*, quien justamente con Carter abrió la cámara sepulcral. Una muerte más que atribuían a la maldición del faraón, aunque C. W. Ceram menciona en su libro *"Dioses Tumbas y Sabios"*, que lo que no se contó acerca de esta muerte, es que Arthur Mace, se encontraba enfermo desde antes de entrar a colaborar con Carter y que, en muy poco tiempo abandonó su trabajo. C. W. Ceran, pudo justificar la muerte de Mace, pero las que no pudo justificar fue la de los otros colaboradores de Carter: Georges Benedite, del *Louvre de Paris*, y Richard Bedell, hijo de Lord Westbury, todos èllos participantes de la profanación de la tumba de Tutankamón.

Richar Bedell participaba en las excavaciones como secretario de Carter. Fue una noche de noviembre del 1929, cuando se acostó sin ninguna dolencia. Después de su trabajo, no desperto jamás. Su muerte tampoco tuvo justificación.

Sólo tres meses aproximadamente fue lo que separó la muerte de su padre Lord Westbury de la suya, ya que en febrero de 1930 se lanzó desde la ventana del séptimo piso donde residía en Londres; su muerte fue instantánea.

Nadie dudaba ya de la implacable acción sobrenatural de la terrible sombra del Faraón que había sido perturbado en su descanso eterno, ya que hasta la fecha en 1930, desde el descubrimiento de la tumba el número de muertos ascendía a veintitrés.

En febrero de 1929, también a consecuencia de la picadura de un insecto, muere lady Elizabeth Carnarvon, era otra más a la larga lista que se estaba formando. Muertos también ya estaban el profesor Douglas E. Derry y el doctor Saleh Bey Hamdi, quienes procedieron al reconocimiento anatómico de la momia; Archibald Douglas Reed, el radiólogo que la sometió a los rayos x, y otras muchas gentes clínicamente por causas inexplicables, ya que la medicina no daba con el modo de clasificar un cuadro patológico ante tales síntomas: súbito malestar, depresión nerviosa profunda, sueños agitados, llenos de pesadillas, debilitación progresiva y generalizada del temple vital y repentino desenlace, todo ello a todos los que tuvieron que ver con el descubrimiento y profanación de la tumba.

Otros no tuvieron el valor suficiente para aguardar a los síntomas como el egiptólogo Evelyne White, quien fue uno de los que presionó con más impaciencia a Carter para que procediera sin ninguna contemplación al registro de la cámara mortuoria. White, viendo cómo los demás iban cayendo, se sintió incapaz de aguardar su momento y se ahorcó, no sin dejar un mensaje que decía: "Pesa sobre mí una maldición a la que me tengo que someter sin más remedio para pagar mi pecado".

La lista de víctimas crecía y crecía componiéndola personas como: arqueólogos, ingenieros, técnicos en excavaciones, funcionarios, a los que no faltaron también del gobierno británico, que estuvieron de una forma u otra relacionados con el descubrimiento de la tumba. Ante la alarma que se formó, los traficantes ilegales, los coleccionistas y anticuarios de los objetos que procedían de Egipto, no perdieron el tiempo en deshacerse de su tesoro, donándolos a museos y librándose con ello de la maldición y persecución del Faraón. No pensaron en el qué dirían, aunque hubo quienes declararon: "que se estaba viviendo una psicosis colectiva", aunque con ello no aclararon cuáles fueron las causas que desencadenaron esa psicosis.

Por extraño que parezca ante la psicosis que se vivía hubo personas muy relacionadas con el hallazgo de la tumba, como fueron Howard, Carter y Otto Neubert, que no murieron, pero que sin lugar a dudas sus vidas cambiaron por completo desde el momento en que se encontraron con la tumba de Tutankamón. De repente les cambió por completo su sino, pasando de ser personajes sumamente populares a caer en el olvido.

Otro hecho que causó gran perplejidad a todo el mundo y que quedó registrado en el libro de Roger May, *"Los Enigmas de la Tierra y el Mar"*, fue, según dice, que en el año 1939 la Radio del Cairo se propuso celebrar el nuevo año musulmán usando para ello las trompetas que se encontraron en la tumba. En el transporte de éstas, el vehículo que las llevaba desde el museo a la radio cayó por un barranco, y el chófer se mató. Cuando por fin llegaron las trompetas a la radio después de mucho trabajo, el músico que iba a tocar estaba con ella preparada delante del micrófono y cuando la llevó a sus labios cayó de un ataque al corazón.

Pero a pesar de todos los hechos que se venían sucediendo, hubo personas que, aunque relacionadas con el descubrimiento de la tumba, no padecieron mal alguno. Unos fueron los fellahs, "los peones locales", todos ellos contratados, siendo sus ocupaciones muy diversas ya que se ocupaban siempre, bajo órdenes de sus superiores, de cavar, clasificar y transportar los objetos, aunque según consta en el diario de Carter de muy malas ganas, ya que siempre anotaba toda incidencia que sucedía durante las operaciones. En ocasiones los obreros se amotinaron y revelaron aunque aisladamente, negándose a colaborar en la penetración de la tumba porque lo consideraban sacrilegio.

ENCONTRAR EXPLICACIÓN A LOS HECHOS

Los hechos que estaban ocurriendo, no dejaban de sorprender a unos y atemorizar a otros, ya que la cadena de fallecimientos era un hecho y no una superstición. Todo el mundo buscaba una explicación y nadie lograba dar con alguna que satisficiera en general. La ciencia se vio en la obligación de dar una explicación algo sensata, avanzando varias hipótesis que tranquilizaron en cierto sentido un poco.

Una de las principales hipótesis era la creencia de que posiblemente las muertes hubieran sido provocadas a causa de algún virus por el momento desconocido que se hallaba presente en las tumbas, aunque jamás se ha logrado localizar dicho virus.

Otra hipótesis era la de que al conocerse la historia de la civilización egipcia, se supo que éstos eran expertos en manipular sustancias tóxicas, por lo que se supuso que las tumbas y las momias estuvieron impregnadas de algún veneno antes de que los sacerdotes cerraran y sellaran la cámara mortuoria. Aunque se trabajó mucho para comprobar esta teoría, no se pudo demostrar que fuera cierta, aunque pudo satisfacer algo. Sin embargo, el misterio se sigue hoy en día investigando en Estados Unidos, y así han sacado una nueva hipótesis. Un equipo de físicos nucleares del Centro de Cakridge, después de analizar algunos materiales que procedían de la tumba de Tutankamón han sacado a la luz una nueva hipótesis que ha desconcertado a los arqueólogos y egiptólogos. Según ellos aseguran que en la tumba de los faraones, los sacerdotes en vez de veneno habían colocado material radiactivo, claro está que en pequeñas cantidades, ya que el indicio encontrado de este material entre los objetos investigados es insignificante. Esta hipótesis no agrada a los egiptólogos ni tampoco a los historiadores ni arqueólogos, por lo que han formado contra ella una rigurosa y máxima conjura de silencio. Piensan que si se acepta lo que anunciaron los científicos de Cakridge, que los egipcios conocían el fenómeno de la radiactividad, es fácil también llegar a la conclusión de que también fueran conocedores de los secretos de la energía atómica, con lo que se derrumbarían las innumerables descripciones históricas tras largos años de estudios acerca de la civilización del antiguo Egipto.

Lo que sí es cierto es que las autoridades científicas hasta la fecha, se resisten a creer la hipótesis de que sí realmente hubo venganza del fantasma del Faraón. Siempre han estado flotando las especulaciones a veces ridículas y lamentables, sin que nunca se haya abordado con seriedad por especialistas, aquellos que fueran los más capacitados en asuntos de magia y brujería.

Página del Libro de los Muertos (Papiro del Museo Británico).

DIFERENCIA DE NUESTRA CULTURA

De alguna manera la cultura de Occidente se puede considerar heredera por medio del helenismo de la cultura de los faraones, pero pensemos por un momento en lo siguiente: Egipto está en África y es un continente completamente diferente al nuestro en el aspecto cultural, y aunque hayamos, como hemos dicho anteriormente, heredado algo de su cultura por medio del helenismo, no hemos heredado la mentalidad que aún persiste en todas las sociedades y estructuras de los pueblos de África.

Sabemos hasta la saciedad que en el continente negro los magos y los hechiceros siguen actuando como hace muchos años atrás, tantos como la vida misma. Practican cultos a los antepasados, celebrados en sesiones de espiritismo; mantienen relaciones con los espíritus no humanos, que se personifican con fenómenos de la naturaleza y con distintos lugares geográficos; se practica el fetichismo, la idolatría, la zoolatría, la afilolatría y, por supuesto, todos tienen miedo de los brujos siendo incapaces de levantar tabúes. Los habitantes oriundos de África tienen el convencimiento de que sus costumbres son más certeras que las de los occidentales, basándose en el "cómo", mientras que la cultura occidental está basada en "la cosa", ya sea espiritual o divina, esto nos lleva a controversias con ellos.

Es de suponer por ello que todos los que perecieron bajo la venganza del Faraón no creyeran en la existencia de los fantasmas, pero tengamos en cuenta que cuando se descubrió la tumba de Tutankamón, la noticia se propagó por todo el mundo y, como era de suponer, fueron muchas las voces de protestas que se levantaron en contra de la profanación de la tumba, a lo que los responsables del hallazgo no hicieron el menor caso. Estas protestas no sólo venían de los fellahs, como así fuera en un principio, sino que a medida que se enteraban países y organizaciones se sumaban a ella. Así en Occidente los cristianos también se sumaron a la protesta pero, sobre todo, quienes más gritaban que se estaba cometiendo un sacrilegio fueron los círculos esotéricos y ocultistas, considerando que era un gran pecado perturbar el descanso eterno de los muertos. También hubo quienes no se limitaron a llamar sacrilegio, o pecado, a lo que estaba ocurriendo, sino que empezaron a ejercer toda clase de presión posible que disponían sobre Lord Carnavon, como fueron la Masonería, de todo el mundo, para que desistiera de su propósito previniéndole de las consecuencias que le podría traer su proceder considerado para ellos criminal.

Tanta presión y tantas voces disuasoras de alguna forma debieron de quedar grabadas en la psique de Carnarvon que aunque no hiciera caso de ellas, estaba ahí y, al igual que todo el mundo, Lord Carnavon no era el dueño de su inconsciente y no podría desarrollarlo según su antojo, porque es posible que de alguna manera tuvo que sentirse impresionado picándole ya el gusano del temor, al que no pudo vencer con voluntad ni escepticismo. Por lo tanto, es de suponer que cuando se introdujo en la cámara lo hiciera como el resto de la expedición, sobresaltado y preso del pánico ante lo desconocido. Y así la picadura del insecto que tuvo sea cual sea y cuando se vio en muy poco espacio de tiempo la formación una llaga. No es difícil descartar que su mente estuviera invadida de temor ante el fantasma de la momia o que la maldición de los sacerdotes le hubiera alcanzado, temor que se acrecentaba cada vez más viendo que la infección, pese a los cuidados médicos, no mejoraba, por lo que es de suponer que cada vez se fuera obsesionando más y más, hasta llegar a las alucinaciones febriles, las altas temperaturas y los delirios lo llevaron en definitiva al estado de terror con que falleció. Y lo mismo que la psicosis se apoderó de Lord Carnarvon, también se apoderó del resto de los fallecidos que tuvieron algo que ver con el hallazgo de la tumba presentando los mismos síntomas de malestar y depresión nerviosa, seguido de una debilitación progresiva del estado general del cuerpo hasta perecer.

Muchas personas llegaron a la conclusión de que la maldición no existe, siendo todas las muertes un conjunto de coincidencias, solamente. Pero fueron ventitrés coincidencias un perro y un canario para ser exacto; a pesar de todo estas personas sostienen que los que murieron habrían muerto de igual manera, con o sin maldición.

Otros por el contrario encontraban significativa la disposición de la tumba de Tutankamón ya que, observándola y estudiándola, se pudo comprobar que era distinta a las demás tumbas descubiertas. Se llegó a la conclusión, de que veían en ello una señal: que los sacerdotes emplearon toda la fuerza de su magia para mantener intacta la tumba del Faraón. La opinión de estas personas era que los objetos materiales se cargan sólo con la intención de quien los posee y también de quien los crea a base de energía psíquica que se traspasa al objeto. Es así como surgieron los talismanes y también los objetos que se cargan de maleficencia y traen mala suerte.

Un hecho importante en el que se basan los partidarios de la maldición del Faraón es el hecho que para ellos los ladrones entraron en la tumba en época reciente al fallecimiento del Faraón, violaron los sellos, revolvieron las cosas, pero no robaron nada, todo lo contrario; a las demás tumbas sí saquearon y robaron todo lo que pudieron y quisieron. Los entusiastas de la maldición dicen que tal vez los ladrones no siguieron adelante en su empeño quizás por el hecho de que notaran el tremendo poder maligno, lo que les hizo huir precipitadamente para no volver jamás. Este poder protegió a la tumba de Tutankamón durante más de tres mil años, y cuando al fin la tumba fue desmantelada, funcionó la maldición.

Así que cabría preguntarnos cuál fue la causa principal que provocó la psicosis. Tal vez fue la maldición grabada en la tumba del Faraón. Esto nos hace suponer que los antiguos sacerdotes-hechiceros, egipcios, señores que fueron de la palabra, y que gracias a esa palabra habían logrado que su magia funcionara a más de tres mil años de distancia, tan solamente por el hecho de remover con admonición la capa más profunda de la psique de los hombres hoy en día.

EL FARAÓN TUTANKAMÓN

Sepamos ahora un poco quién fue este Faraón para ser honrado con tan semejante sepulcro. Según datos de la historia se supone que su reinado no fue nada siginificativo, calculándose que no duró más de diez años y que acabó cuando falleció, contando tan sólo dieciocho años. Su reinado fue muy turbulento, según se muestra en los relieves, venciendo en batallas a los enemigos, aunque se desconoce si realmente participó en las campañas. Nada significativo en sí se encuentra durante su reinado. Subió al trono al contraer nupcias con Anchesen Amón, hija que fuera de Amenofis IV, el reformador; aunque también se supone que fuera su hijo.

Hasta la época de Tutmosis III, alrededor del 1500 a. C., Egipto siempre había estado guerreando para añadir dominios a su imperio donde hubo grandes conquistas de territorios. Tutmosis III conquisto el Asia Occiental hasta el Eúfrates. Después de su muerte le sucedió su hijo Amenofis III, que ya no tenía la ambición que tenía su padre de conquista, pero en su reinado supo conservar lo que conquistaron sus antecesores, aunque ya empezaba a ser difícil el mantener la unidad política de tantos pueblos, aunque la manera más óptima fuera que cada pueblo mantuviera su religión, por lo que los egipcios fueron incorporando gran cantidad de dioses a los suyos y asimilándolos en su entorno.

Al comienzo de la XII dinastía hacia el 2000 a.C. Amenemhat, Tebas y su dios Amón, empezaron a tener importancia relevante que llegó a ser muy considerable para los conquistadores de la dinastía XVIII, sobre 1600 a.C. entre los que destaca Tutmosis, quien se proclamó ser hijo de Amón, Dios de los faraones más poderosos. Amón reconocía a los faraones como sus hijos proporcionándoles victoria sobre sus enemigos. Representaba también en

Tutankamón. Máscara de Alabastro

el aspecto fálico, las fuerzas de la generación y de la reproducción, siendo a menudo llamado el esposo de la madre, lo que suponía que iniciaba la vida del Faraón dándose continuidad y protección durante toda su vida.

Dios de la fertilidad, por lo que no fue nada extraño que el Dios de Tebas se convirtiera en el Dios nacional. Proclamándolo todos sus fieles como "Rey de los Dioses", con el nombre de Amón-Ra.

Ra, el antiguo Dios del Sol, era el creador y gobernador de todo el Universo, que, según creencias, nacía cada mañana como un niño e iba creciendo a lo largo del día, para morir al atardecer como un anciano. En las primeras dinastías de los faraones fue reverenciado por éstos, quienes se llamaban a sí mismos los hijos de Ra.

En esta época, en la que Amón y Ra se identificaron, fue Amón quien asumió la posición de Demiurgo universal, llegando a ser su fortuna y el poder de sus sacerdotes sumamente grande.

Durante el cuarto reinado de Amenofis IV, que sucedió a su padre Amenofis III, instauró una reforma religiosa monoteísta decretando sólo el culto de Atón, Dios abstracto representado por el sol, pasando a ser Dios oficial. El rey cambia su nombre de Amenofis o Amenhotep ("Amón está satisfecho"), por el de Akenatón ("Y la gloria de Atón"), trasladando la capital del reino, Tebas a Aketotén, ciudad que mandó construir en el Medio Egipto, la actual Tell-el-Amárna (para gloria de Dios).

En esta ciudad se implantaron estatuas de Atón. Era representado en forma de un gran disco rojo que despedía largos rayos terminando en manos que cogen las ofrendas de los altares, o que representa al rey, la reina y sus hijas, los símbolos de la vida y de la fuerza.

El único sacerdote que celebraba los cultos a Atón, era el propio Faraón, realizándolos en un templo similar a los de Ra, en Heliópolis. En la ceremonia, se recitaban himnos de gran belleza que componía el propio Faraón, y se realizaban ofrendas de frutas y tortas, glorificando al sol de la misma forma que en los días antiguos, como el creador de la humanidad y el benefactor del mundo, sin las alusiones de leyendas mitológicas que llenaron los himnos a Ra. De esta forma los himnos podían ser cantados y comprendidos no sólo por los habitantes del Valle del Nilo, sino también por todos los extranjeros. En ellos se proclamaban que todos los hombres eran hijos del Dios Atón.

Ante la visión de este Faraón Amenofis IV pretendía, con esta reforma monoteísta, establecer una religión que abarcara todo el imperio, donde quedaran incluidas las posesiones de Asia y sus dioses abstractos, tales como el Adonis de los egipcios y Adonai de los judíos.

Durante todo el tiempo que vivió Akenatón, el dios oficial de todo Egipto fue Atón.

Todos los demás dioses fueron proscritos, declarándoles la guerra, en especial a Amón, despojando sus templos y sus riquezas ofrecidas a Atón. Se destruyeron sus estatuas y su nombre fue borrado de todo lugar por muy inaccesible que fuera, llegando incluso a borrársele de las tablillas reales de Amenofis III, su antecesor padre. La nueva religión fue del agrado de los pensadores y los soñadores de la época que se adaptaron con sumo placer enseguida a ella. Sin embargo no ocurrió lo mismo con los funcionarios ni tampoco con el hombre medio, que presintieron con desagrado y temor que el Faraón, lejos de seguir con las grandes conquistas como sus antecesores, pretendía vivir todo su reinado en paz; cosa que así fue durante tan largo período. La conquista de los anteriores faraones empezaba a disgregarse con síntomas de querer separarse del imperio egipcio.

Pero los mayores enemigos con los que tropezó el Faraón con su nuevo culto, no fueron otros que los propios sacerdotes de Amón. Por eso cuando Akenatón murió, y le sucedió su hijo y yerno Tutankatón, que por entonces sólo era un niño de ocho años de edad, los sacerdotes de Amón tomaron cartas en la situación, recuperando nuevamente su influencia, transformando a rey-niño en el instrumento de su reacción. Anunciaron con gran pompa que el rey renunciaba a la herejía, que negaba al dios Atón y que de nuevo restablecía el culto a Amón.

El nombre que tenía de Tutankatón ("la viva imagen de Atón") le fue cambiado por el de Tutankamón ("la viva imagen de Amón"). Por donde quiera que estuviera escrito el antiguo nombre, tuvo que ser reemplazado por el nuevo, y Tebas volvió a ser la capital del reino.

Ya en su reinado el rey-niño siempre estuvo sitiado por los sacerdotes, que lo usaban para lograr todas sus ambiciones de casta. Pero para los egiptólogos existe la sospecha de que por la crianza que tuvo en el seno de la religión de Atón, él nunca renunció del todo en su corazón del culto que iniciara su padre, aunque su nombre original fue borrado de todas partes. En el magnífico trono que se sacó de su tumba, aún pudo leerse a cada lado ambos nombres, Tutankatón y Tutankamón.

En su corto reinado de diez años aproximados no hay indicio de que ocurriera nada extraordinario, por lo que Howard Carte dijo: "Es posible que sólo podamos decir hasta dónde llegan nuestros conocimientos con seguridad, que lo único más notable de su vida fue su muerte y su fastuoso entierro".

Murió muy joven aunque se desconoce cuál pudo ser la causa de su fallecimiento, por eso en la mente de muchos expertos existe la posibilidad de que fuera envenenado, y pudo ser en el transcurso de convertirse en hombre y manifestara antes los sacerdotes que la religión de Atón no la había olvidado del todo, y posiblemente tuviera deseos de hacerla renacer, cosa que los sacerdotes no podían permitir, y antes de que volviera a germinar la semilla de Atón, nuevamente decidieron eliminar a Tutankamón, preparándole luego ese entierro tan suntuoso que más que un homenaje a un gran Faraón fuera la forma de enterrar con él para siempre a Atón.

VI

LA MAGIA PIRAMIDAL

Fueron muchas las teorías que surgieron acerca del misterio de las Pirámides de Gizeh. Teorías de las más varíadas procedencias y para todos los gustos, aunque al parecer fueron dos solamente las que a la ciencia le interesó investigar hace varias décadas con sorprendentes resultados.

En la primera de estas teorías se afirma que la Gran Pirámide de Cheops no fue una tumba, sino un templo, donde los candidatos elegidos eran iniciados en ciencias y misterios secretos.

La segunda de estas teorías del norteamericano Edgar Cayee asegura que en el interior y debajo de la base de la Gran Pirámide se encuentran bibliotecas secretas, donde se conserva el patrimonio de la Atlántida, el continente perdido.

Como era de esperar estas dos teorías sólo llevaron a los arqueólogos y a los especialistas en egiptología a los comentarios humorísticos, y a las más grandes carcajadas, pero... sabido es que los arqueólogos lo que quieren es monopolizar para ellos cualquier piedra descubierta, y no toleran lo que ellos llaman el intrusismo de nadie que no sean ellos mismos.

Lo cierto es que en 1966 el catedrático de Física de la *Universidad de California*, Luis Álvarez, era uno de tantos científicos interesados en averiguar si había o no cámaras ocultas en el interior de las Pirámides, o debajo de ellas, y así ideó un sistema para llevar a cabo investigaciones en la Pirámide de Khephern, una de las más pequeñas ya que sólo contenía un pequeño pasadizo y una cámara mortuoria. Instalaron en la cámara mortuoria para registrar las radiaciones que se producían por todo el edificio pétreo, considerando que cualquier desviación de radiaciones podía servir para probar si había o no huecos desconocidos dentro de la Pirámide.

Con el equipo norteamericano también colaboró otro de la *Ein Shams University* de El Cairo, en la que emplearon dos años de estudios registrando mediciones de radiaciones cósmicas desde el interior de la Pirámide logrando dos millones de datos durante todo este tiempo que, lejos de comprobar si había o no dentro de la Pirámide cámara secreta, lo que hizo aumentar más el enigma de la finalidad de tan magnífico monumento. Los resultados de los registros llevados a cabo no daban nada claro, ya que en un mismo punto y en un espacio de tiempo diferente las hondas recibidas diferenciaban unas de otras. Por lo que al final todos los datos no eran más que una mezcla de símbolos imposible de descifrar, por lo que no se le pudo encontrar ningún sentido, la ciencia tuvo que declararse impotente. Declarando el jefe de investigación del equipo de la *Ein Shams University*, de El Cairo, "que si la geometría de la Pirámide es un error, nos encontramos ante un misterio en donde la explicación está más allá de lo que alcanza nuestros conocimientos, por lo que no me cabe nada más que verificar que dentro de la Pirámide hay una fuerza que desafía todas las leyes de la Ciencia".

Puede llamársele como quiera, ocultismo, maldición, brujería o magia. Razón puede que no le faltara, ya que en la estructura geométrica de las Pirámides no existe ningún error. Lo único que ocurre es que en la Pirámide actúa una fuerza desconocida y "sobrenatural".

EL PRIMER DESCUBRIMIENTO MÁGICO

Aceptado por los arqueólogos el fracaso de los hombres de Ciencias, y tomando casi a broma las declaraciones de "fuerzas misteriosas y sobrenaturales", siguieron con sus métodos secretos de investigación. En el mundo occidental, los folletos de turismos ya habían catalogado a las "Pirámides de Gizeh", una de las siete maravillas del mundo, dando origen a un incesante ir y venir de turistas a Egipto a conocer dicha maravilla. Y ocurrió lo casual. Entre los innumerables grupos de turistas hubo uno, en el que uno de los componentes era el científico francés Bovis, dentro de los pasillos de la Pirámide, caminando con el grupo hacia la cámara mortuoria que está situada en el centro de la misma, a un tercio de la altura de ésta. Como todo el grupo se sintió agobiado por la excesiva humedad que había en el lugar, y el espantoso olor que reinaba en los pasillos que procedían de ratas y otros pequeños animales en descomposición perecido en su interior, pero lejos de limitarse a manifestar su sensación de incomodidad, todo lo que hacía era protegerse y observar. Observar que, dentro de la camara el ambiente cambió por completo. Allí aunque persiste la humedad y también los cadaveres de animales pequeños, el olor ya no está. Acercándose a un recipiente de desperdicio donde eran depositados pudo comprobar que no sólo no estaban descompuestos, sino que, todo lo contrario se hallaban en perfecto estado de momificación. Rápidamente a Bovis, que era radiestesista e invetigador, le sobrevino a la cabeza una asociación de ideas disponiéndose a usar su péndulo. Enseguida se dio cuenta de que se encontraba ante un fenómeno poco común, cayendo en la cuenta de que allí las cosas funcionaban al revés. Como hombre de ciencias, Bovis rechaza por sistema cualquier explicación místico-esotérica, por lo que, analizando los diversos aspectos del problema, se pregunta si aquella peculiariedad no se debería a la forma de la Pirámide y de la situación de la cámara real. Con sumo y exquisito cuidado, anotó las medidas de las Pirámides y las relaciones que guardaban entre sí, y al siguiente día llevó a cabo una experiencia que germinaba en su mente. Colocó en la cámara real unos trozos de carne fresca, comprobando con sorpresa que al paso de los días la carne no se pudría. Descubrió así lo que ya presentía, "que los constructores de la Pirámide adoptaron tal forma y disposición como una precaución suplementaria logrando con ella la perfecta momificación de los faraones".

Ya en Francia, Bovis, habiendo quedado patente para todo el mundo que los sacerdotes egipcios entre la multitud de conocimientos que poseían sobre las propiedades de la materia y las formas, y de fuerzas capaces de modificar procesos naturales, también conocían la radiestesia.

Bovis siguió sus investigaciones en su laboratorio para lo que se construyó una pequeña Pirámide en escala en relación a la de Cheops, de 75 cm. de altura de madera que orientó sobre el eje norte-sur de la Tierra. Repitió más de una vez los experimentos obteniendo los mismos resultados. Había logrado descubrir que la configuración de la Pirámide producía un efecto disecador preservándola así de la corrupción. La noticia del sensacional descubrimiento voló como el viento. Por fin, después de tantos años se desvelaba uno de los enigmas más apasionantes de las

Pirámides. El saber que los egipcios construían así sus sepulcros, porque conocían la fuerza sobrenatural capaz de invertir el curso normal de los acontecimientos físicos.

En una serie de conferencias que Bovis estaba llevando a cabo en Niza, sobre radiestesia, dio a conocer en una de ellas sus experimentos de momificación a tamaño reducido a una escala 1/500 y 1/100 de la Pirámide de Cheops, donde demostró la existencia de radiaciones idéntica a la cámara real de la Gran Pirámide. Estas conferencias fueron luego publicadas con el título: *"De la radiatión de tous les corps"*.

Ante esta novedad como siempre aparecieron partidarios, y también detractores que querían restarle importancia a las experiencias de Bovis para que no fuera más lejos de ser simplemente una noticia. Pero no fue así, ya que las conferencias tuvieron gran trascendencia dentro de los medios y aficionados a la radiestesia. Aunque la Ciencia no podía más que constatar la autoridad del fenómeno, no daba con ningún camino para poderlo explicar.

Pero ya en Estados Unidos, en 1929 en la *Universidad de Cincinnati*, Samuel Yannes Meintosh, profesor de Física de dicha Universidad hablaba con sus alumnos, sobre las extraordinarias propiedades de las Pirámides. Pocos años después en 1935, se dedicó a experimentar también con la Pirámide, John Hall, de Chicago. Con dos cables de cobre y un anillo también de cobre, consiguió demostrar que del vértice de la Pirámide salía una especie de carga eléctrica, lo que llevó a corroborar una rara experiencia que tuvo sir Williams Siemens que, encontrándose un día en lo más alto de la Pirámide de Cheops, se dispuso a beber agua de una botella envuelta en un periódico humedecido, y sufrió rápidamente una descarga de electricidad estática que se la hizo arrojar.

El ingeniero de telecomunicaciones checoslovaco Karel Drbal, también nos hizo saber algo más de las Pirámides con sus experimentos.

Su primera reacción cuando leyó en la prensa sobre el descubrimiento de Bovis, fue de no creérselo disponiéndose a llevar a cabo estos experimentos de la misma forma y al comprobar que no sucedía nada, poder demostrar a todo el mundo que Bovis no era más que uno de tantos cazadores de notoriedad, un charlatán, que sin ningún escrúpulo se disponía a jugar con las buenas gentes dispuestas a creerles. Pero cual no fuera su sorpresa, que llevando a cabo varios experimentos de momificación todos fueron satisfactorios, lo que no tuvo más remedio que admitir que el invento funcionaba.

Su curiosidad le llevó más lejos ya que después de esto y ante la curiosidad se dedicó a estudiar qué relación posible podía darse entre la causa (forma de la Pirámide), y el efecto que se obtenía en su interior, efecto de energía que genera o bien enfoca las Pirámides. Desde sus primeros pasos con la Pirámide y después de reconocer el éxito de las experiencias de Bovis, Karel Drbal se interesó por los trabajos de más radiestesistas tanto franceses como de otros países. Permaneció en París siete años trabajando, estudiando y analizando las obras *La Science Mysteriense des Pharaons*, del abate Moreux, y *Andes des formes*, de L. Turenne, en la que no tiene por más que reconocer todo lo que le debe a los autores por lo mucho que iba aprendiendo en ellas. Mantenía estrecha correspondencia con Bovis y la mayoría de los radiestesistas de la época.

Karel Drbal sacaba la conclusión, de que lo más lógico fuera suponer que era la forma de la Pirámide la que determinaba el comportamiento en su interior, o sea, lo que sucedía en su espacio interior, por lo que cabía pensar como hipótesis que usando algunas formas apropiadas y configuraciones relativas a ellas, tarde o temprano se podría lograr efectos deseados.

Al final de la segunda guerra mundial, mientras realizaba con la Pirámide experimentos, en los que ya empleaba no sólo animales para su momificación, sino cualquier objeto inanimado o inorgánico de sustancias variadas, sin que encontrara en ellos resultados significativos. Pero he aquí que un día vino a su mente un recuerdo de sus experiencias en el servicio militar, una broma que solían apostarse los soldados y que consistía en quitar la navaja de afeitar a un compañero y dejársela durante toda la noche a la intemperie expuesta a los rayos de la luna en el alféizar de la ventana.

A la mañana siguiente cuando el dueño de la navaja se afeitaba, lo que hacía era dejarse la piel en ella porque el filo había desaparecido como por arte de magia. A Drbal le vino la genial idea de colocar una hoja de afeitar usada en la Pirámide, creyendo que ésta también destruiría el filo de la hoja, como lo hacían los rayos de la luna en la navaja. Pero su sorpresa fue mayor al comprobar que la hoja se había regenerado, por lo que obtuvo un resultado opuesto al que esperaba, y según relato suyo llegó a afeitarse con una misma hoja hasta doscientas veces. Nuevamente como antes lo hicieran otros, llegó a la conclusión que al no existir nada que acontezca por arte de magia, obviamente en el interior de la Pirámide actuaban fuerzas, no válidas fuera de ella.

Drbal patentó su invento inspirado en que podía sacar buenos beneficios de él, y renunció a buscar qué leyes regían en el espacio interior de las Pirámides, a pesar de que por aquellos años 50 se estaba librando una gran batalla comercíal entre las casas de afeitadoras eléctricas y la hoja clásica que las previsiones de mercado la condenaba a muerte en un corto plazo.

Para Drbal, dos eran los factores más importantes que entraban en juego para el funcionamiento de su descubrimiento:

Una hoja de afeitar, una navaja, etc., posee una estructura cristalina que se pierde con el uso, pasando a ser desechable. Es ahí donde al introducirlo en la Pirámide actúan estos dos factores:

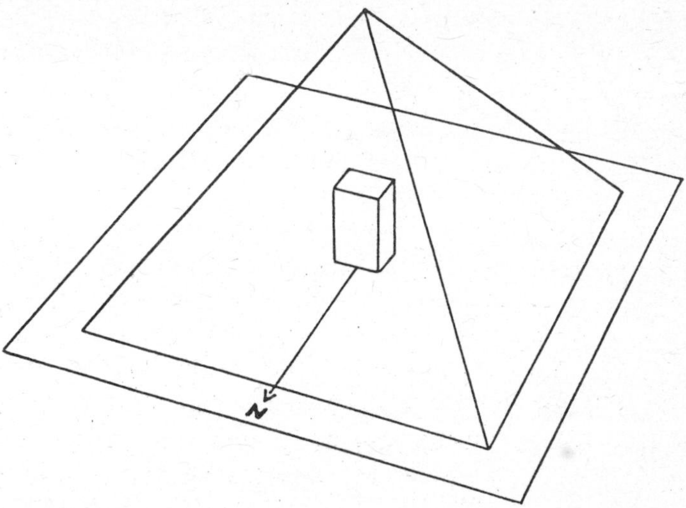

1. Deshidratación rápida eliminando la humedad de los espacios intercristalinos del filo del metal, que cuando se trata de material orgánico, es a través de esta deshidratación como se llega a producir la momificación, ya que en el interior de la Pirámide el poder renovador funciona como lente de concentración de energía, o como resonadores que captan energía y la hacen actuar en un punto correspondiente a la capilla mortuoria del original, con la función de catalizar la reestructuración cristalina.
2. Una acción sobre la estructura microscópica de la materia, con la que se elimina el efecto de la fatiga del metal usado, que en las materias orgánicas, esta acción destruye los microorganismos que causan la putrefacción permitiendo así la conservación de la materia que se somete a momificación.

Con estos principios, Drbal llega a la conclusión de que toda materia viva, en la que se incluye al hombre, estamos sometidos a la influencia de una energía biocósmica, y la Pirámide sólo sirve para enfocar dicha energía.

Todas estas teorías y descubrimientos que se estaba llevando a cabo en la década de los años cincuenta, tanto por Drbal como por un sinfín de radiestesistas, como era de suponer eran desdeñosamente rechazadas por los arqueólogos y los egiptólogos profesionales. No aceptaban las pruebas demostradas de los efectos que en su interior producían la configuración de las Pirámides, ni tan siquiera la deducción descrita ya por todo el mundo, de que los antiguos egipcios lo sabían, y era por ello precisamente por lo que construían las Pirámides como sepulcro de sus faraones. Pero cabe destacar el hecho de que, lo acepten o no estos señores, los egipcios sin que fueran expertos en egiptología, construían las Pirámides para favorecer la momificación.

Tabla de cálculo para construir una Pirámide

1. Altura m/m	2. Base m/m	3. Arista m/m	4. Apotema m/m
100	157,0	149,4	127,1
150	235,6	224,2	190,7
200	314,1	298,9	254,3
250	392,7	373,8	317,9
300	471,2	448,3	381,5
350	549,7	523,1	445,0
400	628,3	597,8	508,6
450	706,8	672,5	572,2
500	785,4	747,3	635,8
550	863,9	822,0	699,3
600	942,4	896,7	762,9
650	1021,0	971,4	826,5
700	1099,5	1046,2	890,1
750	1178,1	1120,9	953,7
800	1256,6	1195,6	1017,2
850	1335,1	1270,4	1080,8
900	1413,7	1345,1	1144,4
950	1492,2	1419,8	1208,0
1000	1570,8	1494,6	1271,6

TRABAJOS PRÁCTICOS CON LA PIRÁMIDE

Momificar un trozo de carne cruda es el experimento más fácil y clásico llevado a cabo por todo el mundo que empieza, que siente curiosidad por el poder de las Pirámides. Para ello principalmente uno tiene que disponer de su Pirámide, experimental, que bien puede optar por comprarla en comercios especializados, o fabricarlo uno mismo, con el material que desee como: mármol, vidrio, cobre, aluminio, cartón, madera etc., y a la medida que le venga en ganas. Dentro de la tabla de cálculo que adjuntamos en la página anterior, tienes proporciones con una réplica de la gran Pirámide de Cheops.

Una vez estudiada la tabla y elegida la medida, aunque como te hemos dicho puedes usar cualquier material, pero siempre es aconsejable que uses preferentemente materiales que no sean conductores como la madera, el cartón o el plástico para los principiantes. Ya puesto en funcionamiento el resultado es el que ves en la figura 1, donde dispones como en la tabla los nombres de los cuatro componentes. Basta con ponerlo a la medida que desees.

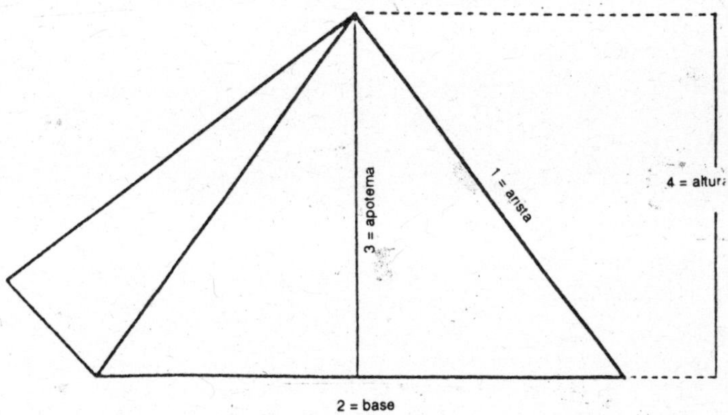

Figura 1

Puedes empeza por situar sobre la mesa una plancha de cartón y trazar las medidas de base y arista conforme te muestra la figura 2, y le haces la pestaña que te servirá para unir los lados que, como sabes son cuatro los lados de una Pirámide.

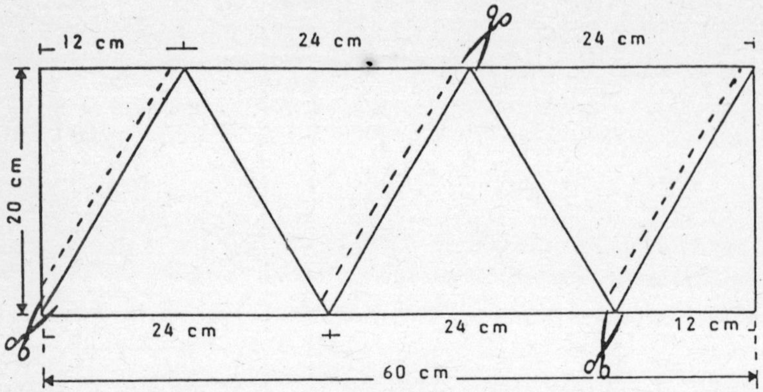

Figura 2.

Otro método de Pirámide para llevar a cabo, es el de construir Pirámides de triángulos equiláteros, cortando los cuatro triángulos con los tres lados iguales. Si quieres lo puedes hacer con pestañas para pegar, o pegarla con celo, aunque esta construcción es bastante más sencilla, es mucho menos estática, y no se acerca a la estructura de Cheops. Dentro de la Pirámide tienes que situar un taco de madera, sobre el que depositarás los objetos con los que harás pruebas. Este taco tiene que tener una altura aproximada de unos 30° del total de altura de tu Pirámide, figura 3.

Tu Pirámide ya construida debe ser situada sobre otra lámina, también de cartón, señalando en su centro los cuatro puntos cardinales. Bien situada la base de la Pirámide sobre la lámina de cartón (Figura 3) y con la ayuda de una brújula, orienta la cara norte hacia ese mismo punto de norte magnético indicado por la extremidad de la aguja de la brújula. No confundir nunca el norte magnético con el norte geográfico que, en ocasiones, se toma como punto de referencia. La confusión sin duda se debe al hecho de que el polo magnético y el polo geográfico casi se confunden en la meseta de Gizeh.

Figura 3

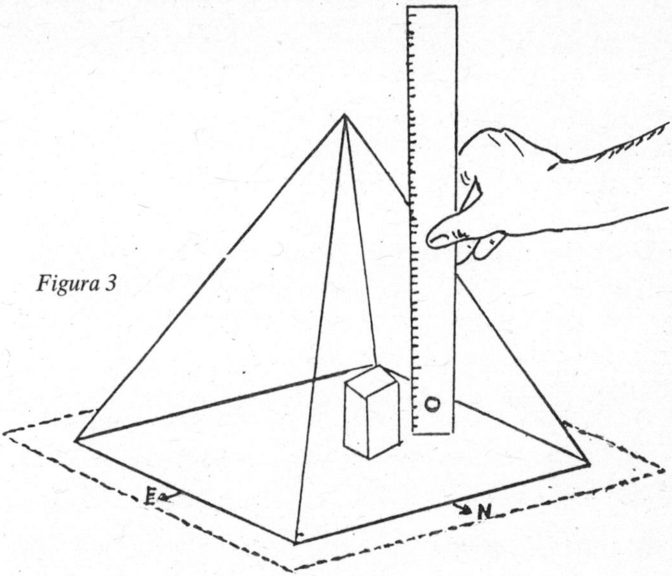

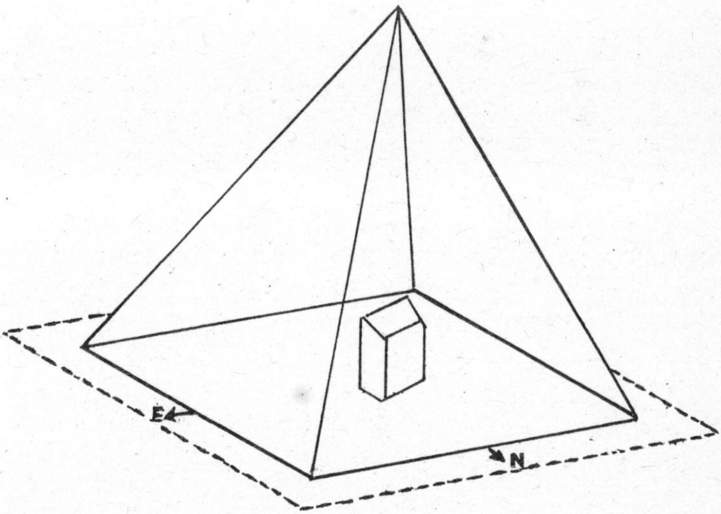

Figura 4

Conviene además de que dispongas de un cuaderno de notas donde anotes cada día la evolución de tus experimentos, anotando en él todo cuanto tenga que ver con la experiencia que se está realizando: el día, la hora, la temperatura, en caso de tratarse de líquido. Cada día que levante la Pirámide para hacer balance, tienes que comprobar todos estos parámetros anotando cualquier modificación por pequeña que sea. Y si se te presenta el caso de experimentar con más de una Pirámide, es aconsejable que disponga de un cuaderno para cada una de ellas. Si te dispones a llevar a cabo algún experimento en la cocina de tu casa, tienes que tener un mayor esmero y cuidado, pues la cocción de los alimentos y los olores influyen más que en los demás lugares sobre la atmósfera. Presta también atención a ti mismo antes de iniciar algún experimento, y cuando sigas su evolución anota en qué estado anímico te encuentras, si estás cansado, alterado o te encuentras en perfecta calma.

Como punto final, conviene, para saber interpretar correctamente los resultados de tus experimentos y no caer en falsas interpretaciones o conclusiones rápidas que te hagan cometer error, que te rodees de testigos. Quiere ello decir que si te decides a momificar un trozo de carne, que dispongas de dos trozos del mismo peso y género. Uno lo introducirás en la Pirámide y el otro te servirá de referencia. Lo mismo que anotas escrupulosamente todo el desarrollo que va tomando el trozo que está dentro de la Pirámide, tienes que hacer con el testigo antes, durante y al final de la experiencia, figura 5.

Otro testigo en el transcurso de tu experiencia, puede ser también la opinión de alguien que no esté implicado, pero que te acompañe durante la prueba. Comprobarás con ello la importancia que puede tener su opinión a lo largo de la experiencia. No tiene por qué tratarse de alguien experto, no alguien de la calle sino algún allegado,

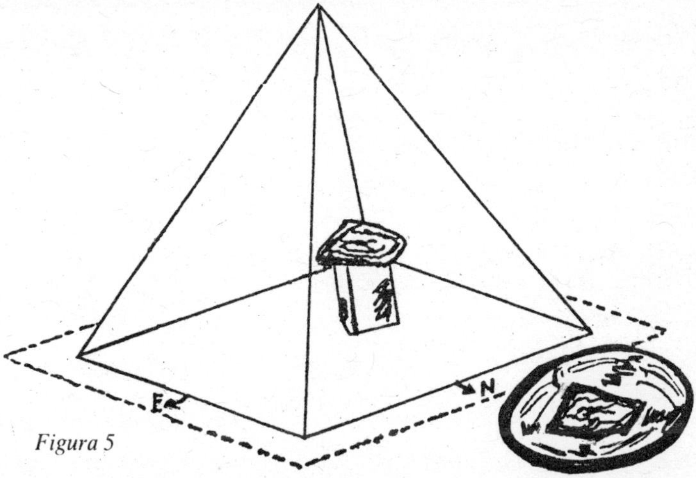

Figura 5

que te acompañe y pueda darte su opinión: primero, porque dos opiniones valen más que una, y segundo porque él puede ser el soporte de la subjetividad de cada uno. Tú con toda tu buena fe, tal vez no percibas ninguna modificación o peor aún, ampliar los efectos resultantes de la experiencia en tu cuaderno; efectos que puede que no sean tan evidentes como te los imaginas. Ten claro que este testigo no es imprescindible, sólo es aconsejable, aunque en ciertas experiencias que te dispongas a llevar a cabo el efecto puede ser tan inmediato, que casi no te dará tiempo de anotarlo todo. Te conviene entonces repetir más de una vez la experiencia para disponer de más apuntes en tu cuaderno de notas.

EL PODER DE LA PIRÁMIDE EN LOS OBJETOS

Karl Drbal llevó a cabo la experiencia de la cuchilla de afeitar, demostrando con ella que la Pirámide conserva por más tiempo el corte de la hoja. A Drbal se le debe también este experimento que se ha convertido en clásico dentro de la piramidología, figura 6. Tú puedes también entre todos los experimentos que te dispongas a realizar, llevar éste a

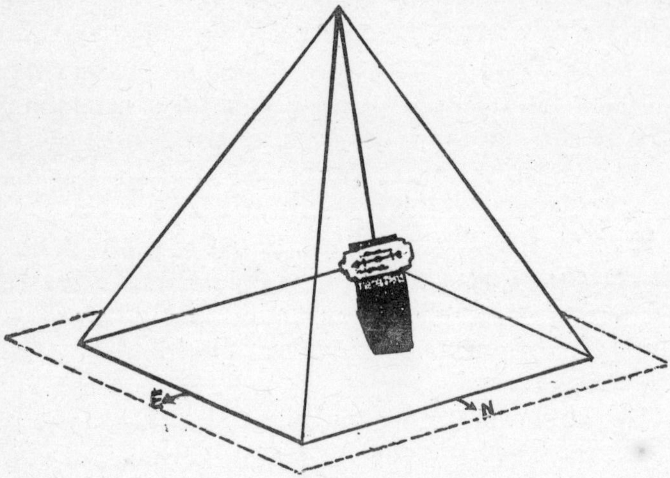

Figura 6.

cabo para comprobar su resultado. Como te muestra el dibujo de la figua 6. Basta con situar la cuchilla en el interior de la Pirámide sobre el taco de madera y esperar resultados cada día. Puedes también repetir el experimento con otros objetos que sean cortantes, como: tijeras, cuchillos, navajas, etc., para ver resultados, y si también captan el magnetismo del campo terrestre, provocando así lo mismo que en la cuchilla, la imantación permanente. No olvides nunca de situar los objetos siempre en la misma postura en relación con el campo magnético terrestre, porque obtendrás resultados más rapidos y seguros.

Los expertos aseguran que el lugar más idóneo para obtener mejores resultados, es la famosa cámara del rey, pues la concentración de energía alcanza mayor fuerza que al resto de la Pirámide. El taco de madera que situamos en nuestra Pirámide experimental, simula dicha cámara real. Lyall Watson propuso una teoría muy seria acerca del importante papel que juega la configuración piramidal en sí como lente concentradora de energía, o como resonador captador de energía. Pero descuidó un importante factor que no sólo está presente en las Pirámides, sino también en todos los sepulcros megalíticos. La asociación que éstos tienen con las aguas subterráneas o freáticas, y la rígida orientación de la construcción sobre los ejes norte-sur y este-oeste constituyen un factor importante. Lo que lo hacía contrario a toda lógica, ya que si la pretensión de los antiguos egipcios era preservar los cadáveres de la corrupción, se debería procurar principalmente que en las cámaras mortuorias el ambiente fuera húmedo, como Bovis observó con acierto.

Lo que pretendían los antiguos egipcios con esa irracionalidad y en virtud de qué conocimientos, por mucho que nos lamentemos hoy no hay seres algunos que nos lo pueda explicar, ya que los muertos no hablan. Pero hoy la ciencia no puede ni debe cruzarse de brazos, al igual que los arqueólogos y los egiptólogos, ya que hoy día se dispone de un caudal de conocimientos de física lo suficientemente grande para descifrar sin ninguna especulación fantasiosa el porqué de su aparente irracionalidad y deducir por consiguiente los niveles de conocimientos que tenían los egipcios a pesar de que los egiptólogos permanezcan enredados entre nomenclatura de dioses y mitologías, donde se les escapa el sentido auténtico. Hoy sabemos que las aguas subtérraneas actúan como electrólitos y las capas geológicas como electrodos, y como sustancias sometidas a la electrólisis las sales disueltas. Lo que quiere decir que los mantos freáticos sólo son unos sistemas eléctricos y, como es obvio, todo sistema eléctrico genera su propio campo de fuerza a la vez que un campo de fuerza magnética.

LA ACCIÓN DE LA FUERZA ELECTROMAGNÉTICA

En la actualidad la física entiende sin ninguna dificultad que las fuerzas electromagnéticas que generan las aguas subterráneas, recorren la corteza terrestre; fuerzas denominadas "coulombianas", origen del nombre de sus descubridor Coulomb. Las Pirámides y las piedras captan esas fuerzas como ondas negativas y es de donde viene la preferencia por el empleo de las piedras en las culturas megalíticas, lo que hace oportuno que tanto los egiptólogos al igual que cualquier especialista de culturas antiguas e igualmente los etnólogos, piensen y tengan presente que siempre que leen u oyen acerca de fuerzas mágicas, vitales u ocultas, etc., detrás de esa fraseología sólo se ocultan fuerzas coulumbianas, lo que hace suponer que las consignas escritas en algunos hallazgos megalíticos fueron hechas por hombres que conocían y sabían la existencia de dichas fuerzas.

En el caso de las Pirámides, estas fuerzas captadas afluyen hacia la cúspide, acelerando su velocidad en la medida que se estrecha la configuración del monumento para escapar por la punta de la Pirámide. Con esta huida lo que ocurre en la cavidad interior de la Pirámide que son drenadas de sus cargas eléctricas produciéndose un vacío biológico, aunque persista el ambiente húmedo. Dando los resultados de momificación absolutamente naturales obtenidos con los experimientos llevados a cabo por infinidades de entusiastas del tema, lo mismo que resultados llevados a cabo con objetos metálicos. Se consigue con este vacío biológico que cualquier cosa que situemos en él, queda como en estado de suspensión temporal. Es aquí donde se produce otra controversia, ya que la hipótesis de la Pirámide jaula de Faraday confirma que lo que perseguían los antiguos egipcios era la momificación natural, y también se ha visto que con la teoría de Kyall Natson, con la configuración de la Pirámide, también se podría producir dicha momificación, pero es completamente impensable suponer que las radiaciones cósmicas actúen sin la presencia de las fuerzas coulombianas o que éstas actúen en ausencia de las radiaciones cósmicas, simplemente porque las Pirámides no sólo son sistemas aislados de laboratorio, donde investigar las solas radiaciones o las solas fuerzas coulombianas.

CONOCÍAN LOS CONSTRUCTORES LA APORTACIÓN DE ENERGÍA CÓSMICA

Este punto nos orienta a entender varias cosas:

1. Que los constructores de las Pirámides conocían de sobra la energía cósmica y la importancia de la aportación de dicha energía. De ello vienen todos los cultos al cielo, a los astros, al sol, etc. que se daba, y da en todas las culturas y civilizaciones.

2. Conocían a su vez la importancia del campo magnético terrestre como caparazón protector que conservaba la biosfera frente a las radiaciones cósmicas.
3. Como es de suponer también debían conocer la actividad eléctrica del planeta, y sus efectos que eran las fuerzas y campos electromagnéticos.
4. Y por último, debían conocer la radioactividad propia de los elementos químicos integrados en el conjunto globo terráqueo, atmosférico y estratosférico.

O quizás nos aventuraríamos a decir que debían conocer a fondo también la teoría de los *cuantos* y los *intercambios cuánticos*, que hoy en día se debe su conocimiento al físico alemán Max Planch; lo mismo que fueran a su vez conocedores del *indeterminismo*, que también lo debemos hoy al también físico alemán Werner Heisenberg. De esta forma la concepción del Universo no podía se otra cosa más que un sistema unitario. Lo que quiere decir una única estructura en donde ningún elemento se puede considerar independiente del conjunto como algo fijo y estable en sí y por sí mismo, sino como un efecto de acción próxima y remota, y lo más recíproca, de todas las fuerzas en juego a la vez.

LA PIRÁMIDE Y LOS EFECTOS SOBRE LOS ALIMENTOS

Los efectos de la Pirámide sobre la fruta es desde mi punto de vista apasionante. En primer lugar porque los resultados se producen casi de inmediato, y en segundo lugar se pueden verificar ya que se puede degustar. En esta experiencia la presencia de testigos es de vital importancia e indispensable, para no hundirse en delirio subjetivo. Por lo que una Pirámide en la cocina del ama de casa puede cambiar su vida por toda la utilidad que tiene. Los efectos energéticos de la Pirámide se hacen sentir sobre los alimentos momificados. Toda o casi toda sustancia orgánica se puede momificar, en el interior de una Pirámide experimental, aunque para iniciarse en expirimentos con la Pirámide, es aconsejable comenzar con la fruta, ya que los efectos se aprecian a más corto plazo.

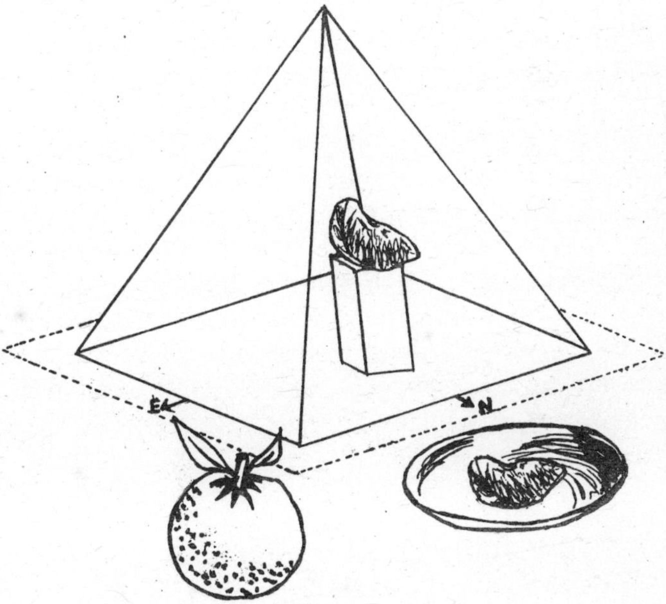

Figura 7

Un experimento de momificación llevado a cabo con una naranja, te llenará de satisfacción los resultados. La figura 7, te muestra como hacerlo para que en un tiempo determinado y las circunstancias que lo determine puedas ver el desarrollo. Para que el experimento sea rápido es conveniente que lo hagas sobre un gajo, para introducirlo en el interior de la Pirámide, y uno para situarlo en el plato que te sirva de testigo. En seguida notarás los resultados.

Puedes hacer experimentos de momificación aparte de usar cualquier animal pequeño muerto, con:

Alimentos carnes
Alimentos vegetales
Frutas
Legumbres
Leche Queso
Semillas
Plantas
Embutidos
Objetos metálicos

Dedicarte a experimentar e investigar con la Pirámide, ya sea al aire libre, en laboratorio o en el sótano de tu casa, sentirás que penetras en un mundo situado entre lo real, lo fantástico y lo práctico. Nunca te desanimes por muy mediocre que consideres en un principio los resultados, siempre conviene repetir hasta que sientas la energía Piramidal y sepas qué hacer con ella.

LA ACCIÓN PIRAMIDAL SOBRE LAS PLANTAS

Con las plantas los experimentos que lleves a cabo pueden hacerte pasar momentos inciertos e inquietantes. Al tratarse de seres vivos, sucede que los resultados de los organismos expuestos no son siempre los mismos, algo así como si sufrieran un bombardeo que influye en su ritmo biológico, que puede favorecer, estimular o disminuir su desarrollo y crecimiento. Esto tiene una sencilla explicación: cada planta es un organismo viviente aunque sean especies idénticas, por lo tanto es única, y cada una reaccionará de forma distinta a la otra. Esta clase de individualidad tan semejante hace dificil que la Pirámide dé resultados parejos. Para ver qué tal mano tienes con las plantas, tu Pirámide empieza por experimentar semillas sembradas en maceta en el interior de la vivienda, o bien en jardin o campo abierto. Es seguro que en ambos casos el crecimiento de las plantas se manifieste más rapido y vigoroso tratadas en el interior de la Pirámide. No es un experimento que necesite mucho tiempo de dilatación ya que el efecto vivificador se hace notar en seguida.

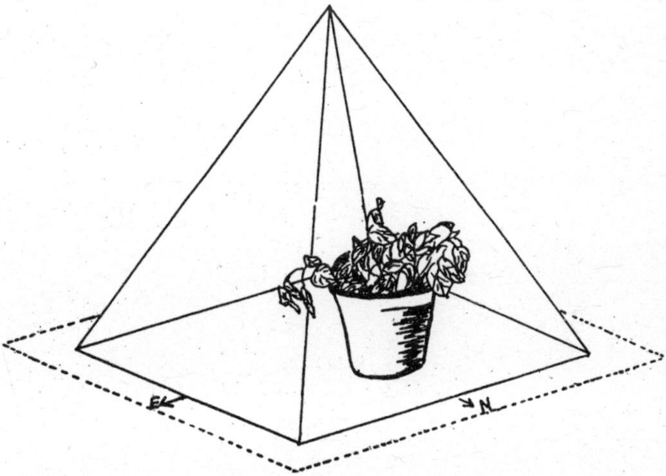

Figura 8

Tanto si siembras semillas en una maceta como si tienes que reavivar una planta de maceta que se te está poniendo mustia, ya sea de interior o de exterior tienes que situar la maceta al pie de la base, debido a la altura de la planta, no encima del taco de madera. La planta mustia a reavivar, colócala en el centro de la Pirámide y como siempre con una de sus caras al Norte, anotando su desarrollo cada día. Verás cómo en poco tiempo la planta revivirá, y se mostrará más colorida y vigorosa que antes. Pero por el contrario cuando se habla de las plantas dentro de investigadores, encontramos que existe una falta de criterio uniforme. La opinión general es que la Pirámide actúa positivamente sobre las plantas y las semillas. Sin embargo, no pueden aportar datos concretos que nos hagan descubrir qué grado de efectividad tiene la Pirámide sobre las plantas. Opiniones como la *Madre Natura*, *Temperatura*, *Mantillo*, *Agua*, limitan los riesgos de error. Aunque es cierto que en general el resultado final, según afirmación de autores, es que las semillas tratadas con la Pirámide germinan antes, y sus plantas son más sanas y robustas que otras no tratadas. Aunque nadie puede darte un tiempo de permanencia de la planta dentro de la Pirámide antes de plantarla en su lugar de destino. Esto no quiere decir que la importancia del tiempo es secundaria en estos casos, porque lo cierto es que una semilla que haya permanecido mucho tiempo en la Pirámide, no se perjudica, al contrario, inclusive si ha llegado hasta deshidratarse dentro de la Pirámide germina igual. Todo lo conrario al ejemplo dado de la figura 8, que al tratarse de revivir la planta, en cuanto se vea vigorosa se acaba el experimento, de lo contrario el fracaso sería absoluto.

Una base significativa pudiera ser las afirmaciones de Schul y Pettit, que aconsejan, tratándose de plantas grandes y robustas, introducirlas antes de su emplazamiento definitivo, un par de semanas en la Pirámide para que reciba la energía de ésta; luego en su emplazamiento se dejará ver los resultados rápidos ofreciéndote tallos más altos y robustos. Schul y Pettit puede decirse que son las únicas personas que han realizado experiencias más serias con las plantas y, hasta la flecha, los datos que han aportado son los más concretos. Entre sus experimentos cabe destacar el llevado a cabo con semillas de girasol, observando su crecimiento dentro de la Pirámide. Y así relataron: *"Desde un principio pudimos comprobar que dentro de la Pirámide las plantas crecían mejor. Cuando alcanzaron alrededor de 15 cm. de altura empezaron a moverse de una forma tan curiosa que creímos conveniente tomar fotos a cortos intervalos de tiempo. A través de las fotos comprobamos cómo la planta giraba sobre sí misma curvándose hacia el este hasta casi tocar su base, describiendo luego un semicírculo hacía el sur y el oeste, alzándose luego de nuevo hasta recuperar su primitiva posición recta. En todo este proceso la planta tardaba 01:50 hora, y de nuevo reiniciaba la danza. Esta observación duró desde el otoño de 1971 a julio de 1974. En todo este tiempo jamás hubo una alteración en el movimiento de este a oeste, pero, de repente, el baile de las plantas se interrumpió unos días, volviendo nuevamente a danzar de igual modo, salvo que esta vez la dirección era de norte-sur, o sea, al revés del comienzo. Este cambio sólo duró unas semanas y de nuevo las plantas se detuvieron para siempre"*, ya que hicieron sus experimentos públicos a finales de 1975, y por entonces las plantas seguían inmóviles. En las plantas-testigo Schul y Pettit no registraron prácticamente ningún movimiento significativo.

Schul y Pettit experimentaron también con tomateras. Los resultados que obtuvieron fueron sorprendentes, ya que con sólo dos semanas de tratamiento de la planta bajo la Pirámide, esta alcanzaba una altura de 2,70 metros, dando una sola planta cosecha de hasta cien tomates de una vez. Comprobaron también que al sembrar una tomatera en el suelo que fue durante largo tiempo de base de una Pirámide, la planta moría siempre.

Llevaron también un experimento para medir qué diferencia de crecimiento pudiera haber en diferentes lugares de una Pirámide. Para este experimiento dispusieron de

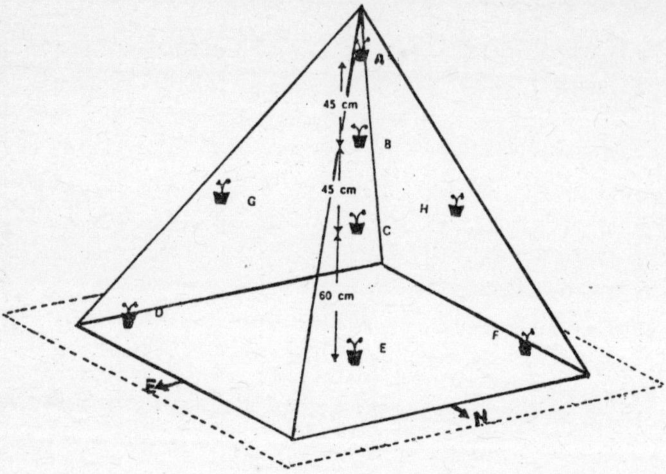

Figura 9, colocación de plantas en el experimento de Schul y Pettit.

una Pirámide de 1,80 metros de altura. Tomaron cincuenta semillas de girasol que pusieron sobre papel secante humedecido que doblaron y colocaron en varios tarros de boca ancha volviendo a cubrir el papel secante con la semilla, con otro papel húmedo para conservar la humedad el mayor tiempo posible y que a su vez el aire circulara libremente por el tarro. Una vez que las semillas ya germinadas alcanzaron alrededor de 9 mm., la trasplantaron en pequeños tiestos de plásticos de 32 mm. con tierra común. Los tiestos fueron señalados alfabéticamente colgados en diferentes sitios de la Pirámide como puedes ver en la figura 9. Situaron a tres metros de cada cara de la Pirámide y un ventilador para asegurar una temperatura homogénea dentro de ella. Abrieron por último un respiradero en el vértice de la Pirámide de 25 cm. de diámetro. Cada mañana a las ocho de la mañana regaban cada planta con cinco gramos de agua, misma cantidad que pusieron cuando la plantaron. La tabla adjunta da el desarrollo que tuvo cada planta en un periodo de cinco días:

Tamaño Inicio	Tamaño Día 1	Tamaño Día 2	Tamaño Día 3	Tamaño Día 4	Tamaño Día 5
A = 9	37	60	103	141	184
B = 9	24	25	29	48	63
C = 9	33	35	48	56	81
D = 9	24	25	27	35	51
E = 9	25	27	30	35	48
F = 9	14	19	29	32	48
G = 9	11	32	44	54	73
H = 9	13	16	30	63	78

Con esta experiencia llegaron a la conclusión que no era el mejor sitio de la Pirámide, la Cámara del Rey, que era el punto más alto bajo el vértice, y los peores sitios eran al ras del suelo. Lo que confirmaba la teoría, según la cual la energía debía fluir hacia la cúspide y por fuera del vértice de la Pirámide.

En nuestra opinión no estamos de acuerdo con las conclusiones a que llegaron Schul y Pettit, ya que por esta regla de tres el crecimiento de cada planta se debería de A hacia abajo, o sea A, B, C, pero observando el resultado en el cuadro de desarrollo (según el cuadro adjunto), vemos que C tiene un mayor crecimiento desde el inicio hasta el final superior a B. Luego vemos también que G y H crecieron más que B, lo que nos lleva a la conclusión de que aunque carezca de toda lógica, la energía debería dar un rodeo soslayando la planta B.

POR QUÉ SE CONSTRUYERON PIRÁMIDES

Ante las preguntas que la ciencia se hace, la arqueología comprensiblemente dice "no", porque con ese lenguaje han desaparecido tanto la genealogía de los dioses como las artes mágicas, las ceremonias, los ritos, etc. los cuales constituyen el material de su erudición. Lo que ocurre es que su negativa, que tal vez pueda ser por incompresión del planteamiento científicamente unitario del problema, y de las consecuencias de su interpretación, no tiene por qué turbar el sueño de nadie que desee llegar al fondo de la cuestión, que no es otra sino la necesidad de conocer acompañada de la inteligencia del porqué.

Ejemplo:

Puede que los egipcios construyeran Pirámides y no cubos para lograr la momificación natural, o quizás porque dedicaban tanta atención a la influencia de los astros en los acontecimientos terrestre y humano.

Razones:

¿Puede hoy en día alguien negar que los egipcios desconocían el mecanismo productor de las mareas? ¿O tal vez desconocían la influencia del sol y de la luna en los cielos vegetativos?

Como es lógico nadie puede responder a estas preguntas, y como es natural tampoco los arqueólogos lo podrían negar. Por lo que si esto es así, de igual forma es preciso que concedamos a los egipcios una mínima base teórica con la que le permitiera entender cómo ha sido posible tales acciones a distancia.

Pero dispuesto a discernir, es seguro que alguien se pregunte, ¿qué base teórica? Es ahí donde entra en juego toda una retórica acerca de los pensamientos del siglo pasado cuando aún se desconocía todo sobre el Cosmos, en Occidente, y el campo de la Ciencia discurría a través de las coordenadas cartesianas del determinismo mecanicista, y creyendo estar en posesión de la llave de la objetividad, se tenía la certeza que la denominada *mentalidad mágica* sólo era un conato de racionalismo abortado, una pretensión de racionalidad muy parecida a la psicología infantil, o sea, a los razonamientos de aquellos que aún no habían llegado a la madurez. O como los pueblos primitivos contemporáneos a semejanza de los enfermos mentales. Entonces se llegaba a la conclusión, de que los antiguos egipcios, como sumerios, babilonios, fenicios, etc., aunque alcanzaron tanto nivel en sus realizaciones, no consiguieron alcanzar el nivel de plena racionalidad, hazaña que sí lograron los genios de la filosofía griega.

Fue James Frager, quien recopiló gran cantidad de material etnológico y religioso con un intento de determinar cuál era el fundamento no evidente del pensamiento mágico de los antiguos, los niños y los primitivos. Después de su investigación formuló sus conclusiones, en las que toda la magia se reduce a creer que:

1º – Lo semejante produce lo semejante, o que dos efectos semejan a sus causas.

2º – Las cosas que una vez estuvieron en contacto se actúan recíprocamente a distancia, aún de haber sido cortado todo contacto físico.

El 1º principio se puede llamar ley de semejanza.

El 2º principio, ley de contacto o contagio.

A través de la ley de semejanza, (primer principio) el mago deduce que puede producir el efecto que desea sólo con el mero hecho de imitarlo. Y con el contacto o contagio, (segundo principio) el mago deduce que todo cuanto haga con un objeto que estuvo en contacto con una persona que haya o no formado parte de su propio cuerpo, le afectara en un encantamiento. Por lo que los encantamientos fundados en la ley de semejanza se pueden denominar *magia imitativa u homeopática*, y los que se basan sobre la ley de contacto o contagio podrían denominarse *magia contaminante o contagiosa*. Así que el resumen de Frazer, fue que la magia es un sistema espurio, lo que quiere decir falto de legitimidad o autenticidad de leyes naturales, así como una guía de conducta errónea, una ciencia falsa y un arte abortado.

Las conclusiones a las que llegó Frazer no fueron otra cosa que los desconocimienos teóricos precisos para llegar a entender el lenguaje indeterminista de la ciencia contemporánea, ya que su mente desconocía por completo la mecánica cuántica, y como todos los hombres de ciencia de su tiempo, no concedía ninguna credibilidad a la teoría del campo continuo. Por lo que como tantos otros investigadores, Frazer no estaba capacitado para entender los postulados, la ciencia y la técnica de los antiguos pueblos con mentalidad mágica, ciencia muy diferente a la occidental del siglo XIX.

Ya que el pensamiento de estos pueblos era *organicista*, pensamiento radicalmente opuesto al materialismo mecanicista del pensamiento de Occidente.

Volvamos nuevamente a los experimentos con tu Pirámide, y sigue la instrucciones que preceden y podrás conseguir momificaciones perfectas en un clima normal, empleando un tiempo aproximado de dos semanas y en tiempo más seco se te puede reducir hasta una semana. Como ya sabes nunca pueden darse tiempos exactos, ya que son muchos los factores que intervienen en los procesos tanto de momificación, conservación y fertilización.

TRATAMIENTO DE PESCADO

El pescado tiene el mismo tratamiento que la carne, podríamos decir que son todos los alimentos los que tienen el mismo tratamiento; aunque los resultados que den difieran unos de otros. En cuanto al tratamiento del pescado, éste suele perder algo más de peso que la carne, que puede llegar hasta un 75 por 100, dependiendo de la especie que te dispongas a tratar, ya que cada especie distinta arroja tiempos distintos, depende todo de la humedad que contenga lo que quieras momificar.

Es recomendable además, cuando se trata de pescado, despellejarlo antes de iniciar el tratamiento. Con ello sale la grasa que contiene que como sabrás casi toda se encuentra bajo la piel. Después de despellejado, cortarlo a trozos de tamaño apropiado con la Pirámide y proceder de igual forma que con la carne.

Las experiencias llevadas a cabo con huevos han dado los mismos resultados con cáscaras que sin ella, variando sólo el tiempo para su momificación. Precisándose alrededor de dos meses cuando se quiere momificar con cáscara, y con sólo unos veinte días te será suficiente para momificar sin cáscara.

Cuando experimentes con frutas, puedes conseguir tres objetivos:

1. Deshidratación
2. Conservación
3. Maduración

En estos tres objetivos encontrarás que, usando los procedimientos habituales, los tiempos son muy dispares, ya que depende de la clase de fruta o vegetal con el que experimentes. Se te puede dar el disparate en caso de querer experimentar *deshidratación* con algunas hierbas o verduras, con tan sólo unos días los llevarías a cabo, y si lo quieres hacer con manzana por ejemplo, puede que necesites hasta tres meses de tiempo.

Has pensado que con una Pirámide en casa puedes hacerte tus propios yogures sin necesidad de añadir ningún aditivo que ayude a su fermentación.

Con sólo tratar la leche una hora en tu Pirámide, se conserva fresca más tiempo aunque haya caducado, sigue siendo válida para consumir. Pero si quieres, la puedes tratar de manera habitual durante una semana y obtendrás un yogur natural sin aditivo.

Este proceso de la leche, aunque sencillo, resulta bastante curioso: En un principio la leche empieza por estratificarse en capas separadas unas de otras, y en ocasiones se puede producir una precipitación polvorienta. Estas capas se espesan poco a poco combinándose entre sí hasta transformarse en una sustancia cremosa y suave, idéntica al yogur.

En este proceso son muchos los factores que intervienen y hay que tener en cuenta por lo tanto que no es regular. Dándose el caso que a veces la estratificación puede ser casi imperceptible, o incluso inexistente. Y otras veces la leche se transforma en yogur en 24 ó 48 horas, pero otras se retrasa inclusive sin llegar a conseguir los resultados deseados aunque el trabajo efectuado se hubiera llevado a cabo en las mismas condiciones de luz, calor y húmedad que de siempre.

También como tantos otros Bill Schul y Ed Pettit, realizaron experiencias con leche, llegando quizás más lejos que nadie ya que en sus experiencias su trabajo fue principalmente a saber en qué lugar de la Pirámide se podía colocar la leche para conseguir mejores resultados. Igualmente con qué material de Pirámide era más facil lograr los resultados deseados. Para ellos construyeron nada menos que ochos modelos de Pirámides todas ellas réplicas de Cheops, de diferentes tamaños y de diversos materiales situando dentro de cada una de las Pirámides un recipiente con la misma cantidad de leche en distintos puntos de colocación. En cuadro adjunto puedes ver un resumen del experimento llevado a cabo en un período de seis días.

Tamaño de piramide	Material que hizo	Colocación	Resultado a los 6 días
25 cm.	Vidrio	Cámara del Rey	Yogur suave, ausencia de moho
30 cm.	Espejo plateado	Cámara del Rey	Estratificada, cuajada
40 cm.	Lados de madera frente de vidrio	Cámara del Rey	Yogur suave, ausencia de moho
1'80 cm.	Estructura de madera, cubierta de madera	A 5 cm. sobre el vértice	Ausencia de moho
1'80 cm.	Estructura de madera, cubierta de madera	A 5 cm. sobre el vértice	Yogur suave, ausencia de moho
1'80 cm.	Estructura de madera, cubierta de madera	Cámara del Rey	Yogur suave, ausencia de moho
3'20 cm.	Fibra de madera, aislamiento de vidrio	A 10 cm. debajo del vértice	Cerca de la mitad de la consistencia de yogur, ausencia de moho
3'20 cm.	Fibra de madera, aislamiento de vidrio	Cámara del Rey	Yogur suave, ausencia de moho

En todos los casos los recipientes de leche colocados fuera de la Pirámide de testigo se estropearon.

LA ACCIÓN DE LA PIRÁMIDE SOBRE LOS LÍQUIDOS

También todos lo líquidos sirven para experimentar con la Pirámide. Aunque con los líquidos es difícil hablar de deshidratación, no lo es por el contrario la clara diferencia de sabor. Un perfecto ejemplo es el café, que con tan sólo un minuto en la Pirámide después de hecho, notarás un cambio extraordinario en su sabor. Tienes infinidades de experiencias para hacer con los líquidos, desde energizar agua, para con ella hacer cafés y comprobar si su sabor varía o no. Los expertos afirman que el agua dentro de la Pirámide, sufre transformaciones magnetizándose, por lo que adquiere propiedades curativas.

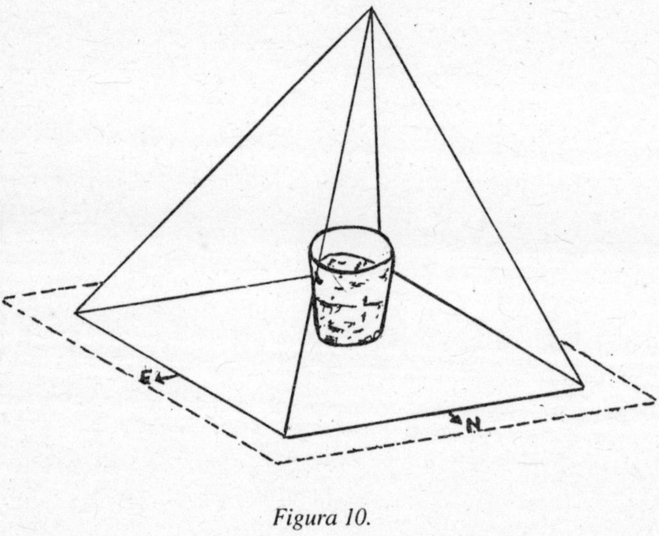

Figura 10.

A mi entender el agua es lo más sencillo y barato para experimentar y luego comprobar los resultados saboreándola después de haberla introducido en la Pirámide por un espacio corto de tiempo, no superior a quince minutos. Pasado este tiempo, sacar y saborear el agua piramidada, es seguro que casi la compararás con el agua de manantial. Su olor a cloro, y su sabor cambian por completo. Podría decirte que hasta hay personas que usan el agua energizada para quitarse el maquillaje e incluso para lavar heridas.

También la Pirámide ofrece un efecto espectacular con el vino. Introduce una botella de vino corriente dentro de la Pirámide no más de quince minutos y conseguirás que tome cuerpo y mejore su sabor. Como tantas otras veces, la Pirámide lo que hace es acelerar el proceso de envejecimiento del vino, y así si se quiere, un vino joven recién sacado las uvas puesto bajo la estructura de una Pirámide, podría tomar un poco de sabor añejo.

VII

LA PIRÁMIDE COMO PROTECTORA DE LA SALUD

Partiendo del hecho que los seres humanos somos un océano de energía, tanto eléctrica como estática, magnética y molecular, y que muchas de las enfermedades que padecemos están originadas por mala distribución de nuestra energía en el cuerpo que, al no tener su recorrido habitual, se concentra sobre un punto donde nos produce dolores y malestar como reuma, neuralgia, agotamiento etc. Todas estas dolencias y muchas más las puedes tratar con la Pirámide. La figura 11 te muestra una forma, situando en el interior de la Pirámide la parte del cuerpo enferma, en este caso una mano.

La Pirámide actúa como condensador produciendo enseguida bastante mejoría sobre toda clase de dolores con tan sólo permanecer la zona dolorida media hora dentro de la Pirámide la mejoría es evidente, apareciendo enseguida una sensacion de calor y hormigueo en la zona afectada, terminando luego con la ausencia total de dolor. En los casos de reuma aunque desaparezca el dolor con una sola sesión, conviene repetirla más veces para prevenir que aparezcan nuevos brote, tantas veces como te lo pida el cuerpo. En principio la Pirámide puede actuar como un simple analgésico, que alivia pero no cura, por eso te aconsejamos que repitas y tú mismo comprobarás los resultados en cualquier dolencia como esguinces, golpes, contusiones, heridas, etc.

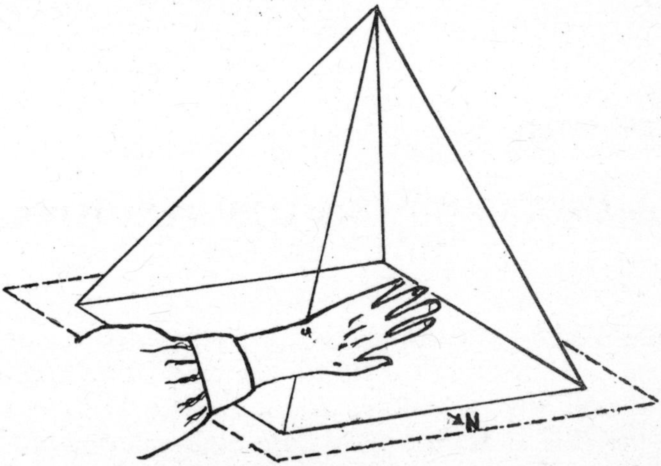

Figura 11.

Figura 12.

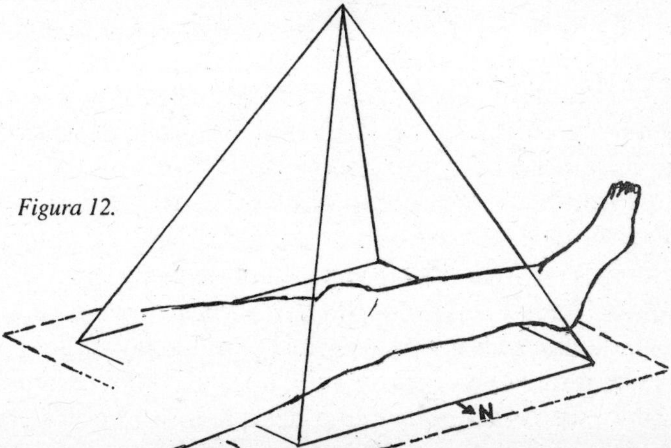

La figura 12 te muestra un tratamiento de dolor en rodilla ante la que te preguntarás cómo poner la rodilla bajo la estructura de la Pirámide. No tienes por qué sentir ningún obstáculo. A tu Pirámide, le puedes hacer una cavidad medio circular por cada cara, figura 13, o bien donde fueras a llevar a cabo el experimento, situarle debajo un soporte en cada esquina. Todo queda a tu criterio o necesidad.

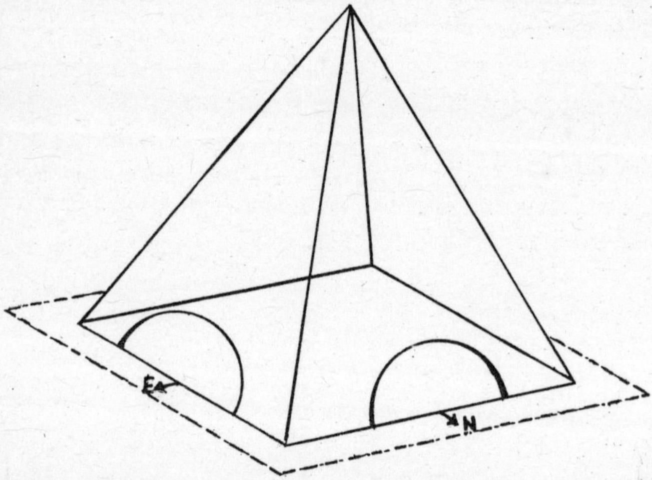

Figura 13.

CUALIDADES TERAPÉUTICAS DESIGUALES

Son muchos los testimonios de curación de muy diversas enfermedades logradas con las Pirámides. Algunas de ellas no habían encontrado mejoría alguna con otra terapia. Existen personas que quieren mantener reservado todo acerca de sus curaciones. Pero todos conocemos, inclusive han oído por boca de sanadores profesionales, que fe y sugestión es lo más importante para que un enfermo sane. Porque dudar que la fe desempeña un papel importante en las curaciones milagrosas. Pero para aquellos que dudan si la Pirámide cura o no, al menos tienen que aceptar que alivia los dolores y a su vez acelera el proceso de curación, ya que la acción de la Pirámide consiste en generar y suministrar al cuerpo suficiente energía y vitalidad para que incrementen sus defensas contra las enfermedades. La Pirámide actúa como un poderoso tranquilizante ante enfermedades tan importantes como: la hipertensión, el insomnio, las enfermedades nerviosas, etc.

Si padeces insomnio el método más fácil que hay es el de colgar una Pirámide pequeña encima de la almohada bien con soporte al techo, o a la pared según sea tu deseo. De esta forma acabarás con el insomnio, y al despertar estarás completamente descansado sintiéndote con mucha energía para afrontar un nuevo día.

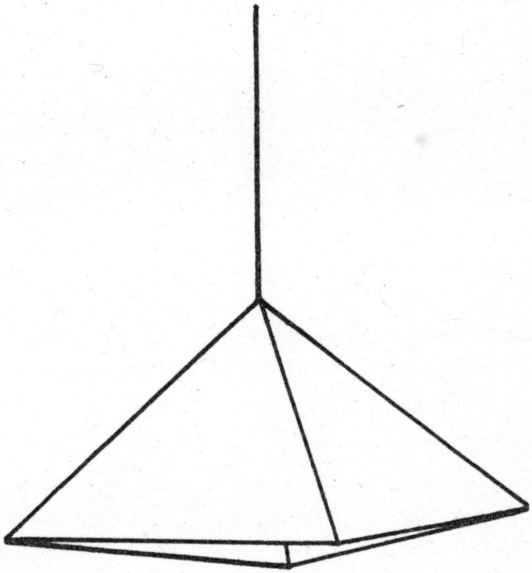

Figura 14.

Es muy posible que al cabo de un largo período de tiempo con tu Pirámide colgada encima de la almohada, y después de haberte curado del insomnio, sientas rechazo hacia ella. Para ello basta con retirar la Pirámide y seguir con tu descanso.

La Pirámide no puede hacer daño a nadie, eso lo tenemos claro. Pero cuando hablamos de curación por Pirámide, aunque es un tema del que se habla mucho hoy en día, hay que tener presente que el tema aún no está muy claro para las personas poco expertas y puede originarte sorpresas desagradables, por lo que te aconsejo que seas cauto y practiques mucho sin desanimarte. Tal vez con la práctica tú descubras el pensamiento *organicista* de los pueblos antiguos, que para ellos cualquier fenómeno estaba ligado a todo lo demás. Recuerda que los no *mecanicistas*, (aquellos que se oponen al pensamiento materialista occidental) siempre dan preferencia a las teorías del campo continuo sobre las mecanicistas del átomo y del vacío, y así no se pierden en ociosas discusiones y pseudoproblemas sobre la *acción a distancia*, como es el caso de la Pirámide. Hoy la ciencia proclama que todos los seres pertenecen a un campo único. Lo que nos hace pensar si todos, tanto los seres como las cosas, pertenecemos a un único campo, sea lógico que la acción a distancia sea una realidad y no una infantil ocurrencia. Así se puede aceptar, como ya lo hicieran otros, que los campos magnéticos, la teoría de las mareas, que la aguja imantada señalase el polo, que la luna ejerza su atracción sobre el océano, etc., no constituya para nosotros ningún escándalo ni lógico ni racional porque todo se deba a un mismo Campo.

El pensamiento mágico de los pueblos antiguos está basado en una concepción dialéctica, no en una lógica matématica. Así la acción recíproca de lo opuesto, implica una visión armónica de flujo y reflujo, algo así como acción y reacción que sucede dentro de la totalidad del sistema cósmico. Esto significa la estabilidad de las funciones esenciales de continuidad orgánica del cosmos (el principio de la meoestasis), a pesar de la continua fluctuación equilibradora y desequilibradora de sus fuerzas. Con este punto de vista los antiguos, a diferencia de lo que sucedió en Occidente, no se cerraron en la mecánica de las esferas celestes griegas y medievales, sólidas y cristalinas. Para ellos fue todo lo contrario. Partieron de la concepción del *campo infinito*, menos ingeniosa y limitada, y así elaboraron mapas del firmamento, registraron los eclipses, cometas, meteoros y los espacios celestes. Principios y métodos en los que se basan los astrónomos en la actualidad. Sin embargo, hay que aclarar que existen diferencias dentro del pensamiento matemático de Occidente, con los de otras culturas. Con su estudio se ha llegado a descubrir que el modelo mecanicista no es el único. Todas las civilizaciones posteriores a la griega, pensaban algebraicamente, a diferencia de ellos que pensaban geométricamente, como nosotros sus predecesores, lo que quiere decir que la ciencia occidental durante mucho tiempo consideró que el modelo mecanista era el único posible, que la geometría deductiva griega era la única segura y objetiva.

Sin embargo, hoy en día ante los hechos han renunciado al esquema cartesiano determinista y mecanicista, para encontrar en la física la teoría mágica del campo continuo y único, y también la concepción mágica del organicismo total del cosmos. Lo que Frazer definió como ciencia abortada. Ya no cabe imponer, como muchos pretenden, seguir aferrados a los viejos prejuicios establecidos contra el pensamiento mágico de los antiguos.

Él considera por principio que el saber de estos pueblos no hubiesen tenido una vertiente de progreso, encontró su culminación en la realización de obras tan tecnológicas como las Pirámides, maravilla tecnológica de tan alto nivel científico que implica el dominio de la electrónica y de radiactividad, a la que una vertiente de decadencia e involución la llevó a desembocar en la reiteración ritualista de modalidades culturales supervivientes como supersticiones, sin tener ni tan siquiera en su base el modelo teórico del universo que permitió esas obras. No es lícito ni justo poner en un mismo plano de incoherencia infantil, las burdas fórmulas brujeriles de la decadencia supersticiosa, argumento que nunca se va de más a menos, cuando se camina en el progreso.

LAS RADIACIONES CÓSMICAS SON MODIFICADAS POR LAS PIRÁMIDES

En el *Instituto Max Planck* de Alemanía, se llevó a cabo un estudio en el cual se indica que *los organismos protegidos de las fuerzas magnéticas y eléctricas pierden el ritmo de las funciones psicofísicas naturales, adquiriendo nuevos ritmos que no son circadianos.* Ahora bien, detengámonos aquí, en este estudio, y veamos cómo después de un interesante ir y venir en busca de una respuesta, la encontraremos aquí, sugerida por las Pirámides. ¿No son ellas las que conseguían modificar la actuación de las radiaciones cósmicas, a la vez que neutralizar la acción de los campos eléctricos y magnéticos en su mismo interior, situándolo como fuera del tiempo? Y ¿no es el tiempo la medida de los ritmos circadianos, anual, cósmico, etc.? Con la momificación se consigue el efecto de que todos los organismos, que se colocan en el interior aislante de la Pirámide asuma ritmos diferentes de los naturales, lo mismo que dicen los investigadores del *Instituto Max Planck*, ritmos infinitamente más lentos, de esa forma la descomposición de lo orgánico se lleva a cabo en un ciclo infinitamente más grande, semejante a la idea de la eternidad. ¿Es por lo tanto la Pirámide, la máquina de la eternidad? ¿Es su configuración, la única capaz de romper la cibernética biorrítmica de todo el sistema cósmico? Y si así fuere, ¿no deberían los señores arqueólogos reflexionar un poco sobre estas consideraciones y reconocer que hasta ahora las culturas y civilizaciones antiguas de las que se ocupan sólo han proporcionado visiones que propiamente dicho podrían llamarse disparatadas?

LAS PIRÁMIDES DEL MUNDO

Todos los pueblos que construyeron Pirámides no fueron lo que muchos les han dado por llamar *la infancia de la Humanidad*, más bien tal vez fueran las cumbres inalcanzadas aún por la Ciencia humana, y frente a tanta intelectualidad de estos pueblos, nosotros somos sólo principiantes de cultura general.

En todo el mundo hay Pirámides de muy distintas formas, pero en un lugar de China llamado Shau-si se han localizado Pirámides del tipo de las de Egipto. Aun hoy existe la incógnita de si también lo son o no las Pirámides localizadas en una meseta de la cordillera de Parimâ, en la amazonia brasileña hacia la frontera con Venezuela. Meseta de dificil acceso por su lluvia constante, su vegetación sumamente espesa y su suelo pantanoso que hace muy dificil llegar hasta ella. Tan sólo se ha podido llegar a cuatro kilómetros cerca de ella, y la hazaña la llevó a cabo Roldao Piress, consiguiendo hacer fotos de ella, lo único que hasta el momento existe en mano de autoridades y expertos del tema. Por la dificultad del terreno, es hasta dificil pensar que pudo ser habitado el lugar ¿Dios sabe cuándo? Desconociéndose hasta la fecha la antigüedad de tal magnitud de obra.

Figura 15.

LA ACCIÓN DE LA PIRÁMIDE

Siempre que se haga una experiencia de sanación sobre el cuerpo de alguna persona que tomara postura tumbada o acostada, ésta deberá tumbarse siempre con su cabeza orientada al norte y los pies al sur y situando una vez bien orientada la Pirámide, el vértice sobre la zona afectada. Una de las mejores formas para estos tratamientos, es la de Pirámide suspendida con la precaución de que la zona afectada quede cubierta por la prolongación imaginaria de la Pirámide si ésta fuera pequeña. La Pirámide suspendida de techo o pared, el paciente tendido, sentado o acostado, una buena orientación del paciente de acuerdo con el eje norte-sur, es seguro que conseguirás buenos resultados.

Con tu Pirámide experimental puedes hacer de todo, pero para que no ocurran resultados no deseados, ten presente que el factor común de todos los casos ha de ser el deseo de que la magia ocurra.

En experimentos de sanación existen muchos hechos contradictorios. Si por una parte hay quienes nos hablan de constataciones llevadas a cabo con éxito, otros sin embargo, nos hablan de fracaso llevado a cabo en idénticos experimentos. A nuestro entender, esto puede deberse a un par de factores, que bien pudieran ser la sensibilidad personal del usuario de una Pirámide experimental, y por otro, el lanzarse a experimentos para los que no se está aun cualificado. Ya dijimos que una Pirámide nunca te hara daño, y sí te proporcionará excelentes resultados siempre que practiques hasta saber y la emplees con corrección. Según algunos usuarios, la Pirámide está dotada de cualidades benéficas para el ser humano sabiéndola utilizar; ya que puede hacer ganar tiempo y dinero a la vez que proporcionar la paz del cuerpo y del espíritu. Aunque esta sea una bonita conclusión, si sólo se considera el aspecto utilitario de la Pirámide, se corre el riesgo de dar de lado a su verdadero uso. La noción de ondas. La Pirámide es un amplificador, un condensador de energía "incluso psíquica", la cual permite la mejor y más amplia producción de toda clase de fenómenos, y resuelve cualquier problema con el sólo hecho de hacer pasar tu deseo por el prisma piramidal. La gimnasia mental que empleas, es la que obliga a la Pirámide a la realización de tus deseos.

A modo de información, sin que aún hayamos llevado a cabo este experimento, diremos que hay curanderos los cuales afirman que se puede experimentar con la Pirámide la curación radiónica a distancia. El experimento consiste en colocar en el interior de la Pirámide una fotografía de la persona que se desea sanar. La foto debe de ser de ella sola, no en compañía. Figura 16.

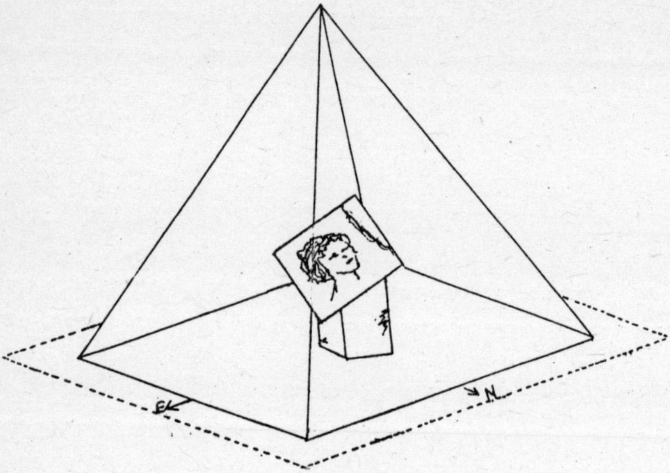

Figura 16

VIII

LA PIRÁMIDE EN LA MEDITACIÓN

Los ejercicios de meditación con la Pirámide suspendida son muy buenos; en este campo, es sumamente apasionante hacer una sesión de relajación o de meditación. Para hacer esta sesión sólo son tres los puntos que tienes que tener presente:

1. Estar ligero de ropa.
2. Situar la Pirámide en un lugar tranquilo.
3. Disponer de una débil iluminación en el lugar porque es importante para ayudar a la relajación. Si no se dispone, puede omitirse.

Para la persona que lo considere necesario puede usarse también una música suave y tranquila que ayude a centrar la mente y a disipar cualquier ruido que se filtre. Hay personas que también usan cintas de meditación, muy buenas por cierto, que usan técnicas de inducción por música y voz. A nuestro juicio deberías de intentarlo sólo ligero de ropa y en habitación tranquila con luz suave. Si no consigues resultados, debes emplear todo aquello que hay como son después de la cinta. Mándalas, que ayudan a tranquilizar la parte izquierda del celebro, con sus laberintos geométricos interminables. El Mándala es un esquema lineal adornado con bordados de colores simbólicos, donde se reproduce el universo como la concibe la cosmogonía hindú. La idea de la meditación es conseguir desconectar la parte izquierda mecánica de la mente a la vez que se libera el centro derecho intuitivo. Por eso puedes usar también tu poder mental, figura 17.

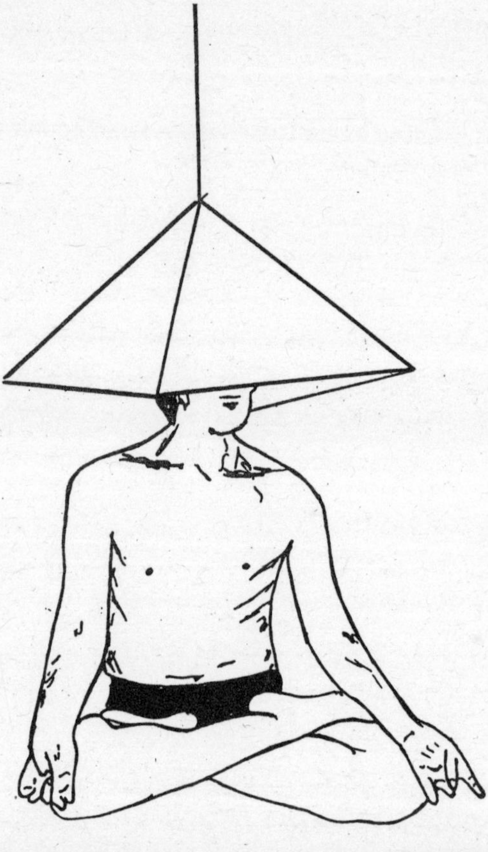

Figura 17

EJERCICIO DE MEDITACIÓN

La meditación debajo de la Pirámide la puedes llevar a cabo sentado en el suelo o en una silla con respaldo recto, bien orientado hacia el eje norte-sur y que los vértices imaginarios de la Pirámide cubran todo tu cuerpo. La figura 17 te muestra la posición de loto de la que te ponemos los puntos a seguir una vez dentro de la Pirámide, los cuales te aconsejo que te los aprendas bien. Al introducirte debajo de la Pirámide, tienes que hacerlo por el lado este.

Primera parte:

1. Cierra los ojos.
2. Realiza tres inspiraciones cortas consecutivas por la nariz llenando los pulmones.
3. Contén cada respiración contando hasta tres.
4. Realiza 3 espiraciones cortas por la boca con los labios fruncidos, expulsando todo el aire de los pulmones.

Este proceso tienes que realizarlo un total de tres veces siempre desde el principio. Tal vez experimentes un ligero mareo. No te excedas.

Segunda parte:

1. Cuenta hacia atrás de nueve a uno, para establecer una pauta de respiración profunda, natural y rítmica.
2. Informa a tu control biológico de tiempo, que te devuelva a la conciencia consciente en plazo máximo de quince minutos.

Si no tienes confianza en tu reloj interior, ocúpate de que alguien interrumpa la sesión transcurrido el tiempo determinado; ya sabes que no ha de ser superior a quince minutos. No obstante practica tu bio-reloj, para comprobar qué grado de precisión tiene. Es probable que hasta tú mismo te sorprendas.

Tercera parte:

1. Con lo ojos cerrados y relajado empezarás a sentir cómo fluye mentalmente la energía.
2. Con los músculos de tu cuerpo completamente relajados, siente cómo se dirige la energía recorriendo todo tu cuerpo en busca de posibles zonas alteradas.
3. Permite que de tu mente fluyan los pensamientos libremente. Paulatinamente, tu discurso consciente se acabará, dando paso a un estado de conciencia alterado.

Si no ocurre a la primera meditación, es señal de que tal vez necesites varios intentos antes de que esto ocurra de forma completa.

Cuarta parte:

1. Transcurrido el tiempo de quince minutos, cuenta lentamente de uno a nueve.
2. Abre los ojos y toma conciencia de que tu cuerpo está consciente.
3. Sal de la Pirámide por el sur, o sea abandonándola por tu espalda, de esa forma no entorpece el campo de fuerzas (sic). Es seguro que durante la sesión habrás sentido varias sensaciones que no son preocupantes. El primer síntoma que se siente, casi es inconsciente. Uno se siente energizado aunque físicamente no lo parezca.

Se te puede presentar con sensaciones de hormigueo por la cabeza y el cuerpo, o te sentirás ingrávido y una fuerza te elevará hacia la cúspide de la Pirámide. También se dará el caso, que tras la sesión, y sin notar nada durante ésta, te aparezca una incesante somnolencia que te obligará a cerrar los ojos un rato. Luego te sentirás energizado.

Por agradable que te sientas energizado, nunca has de querer más del tiempo permitido de quince minutos por día y por sesión. Sí puedes repetir al día siguiente a la misma hora si quieres sentirte por completo cómodo con la energía. Estar más del tiempo previsto (quince minutos), la experiencia resultará ser desagradable. Te aparecerán dolores de cabeza, seguido de dolores también de todo el cuerpo donde tuviste anteriormente alguna lesión. Así que ten claro que una dosis de energía es buena; pero una sobredosis es nefasta en un principio. Ya llegará un tiempo más adelante en que tu cuerpo asimile más capacidad de energía y podrás estar más tiempo dentro de la Pirámide a gusto sin ninguna molestia.

Hay expertos que aseguran que una vez aparecida las molestias, que se sigua en la Pirámide, que llega un momento en que todos los síntomas desaparecen sintiéndose en perfectas condiciones. Pero para mi punto de vista, uno no debe precipitarse e ir acostumbrándose poco a poco.

Es necesario que antes de situarte bajo la Pirámide programe tu subconsciente. Para ello, durante unos minutos piensa qué es lo que concretamente deseas realizar:

Meditar.

Dormir.

Recordar los sueños.

Realizar experiencias telepáticas.

Relájate, piensa qué experiencia deseas llevar a cabo. Debes concentrarte y clarificarla en todos sus detalles. Ten siempre muy presente que debe ser algo muy específico y concreto sobre lo que quieres hacer, un ejercicio de meditación. Nunca debes mezclar más de un objetivo. Sólo uno por ejercicio. Ya dijimos que al introducirte debajo de la Pirámide lo tienes que hacer por el lado este.

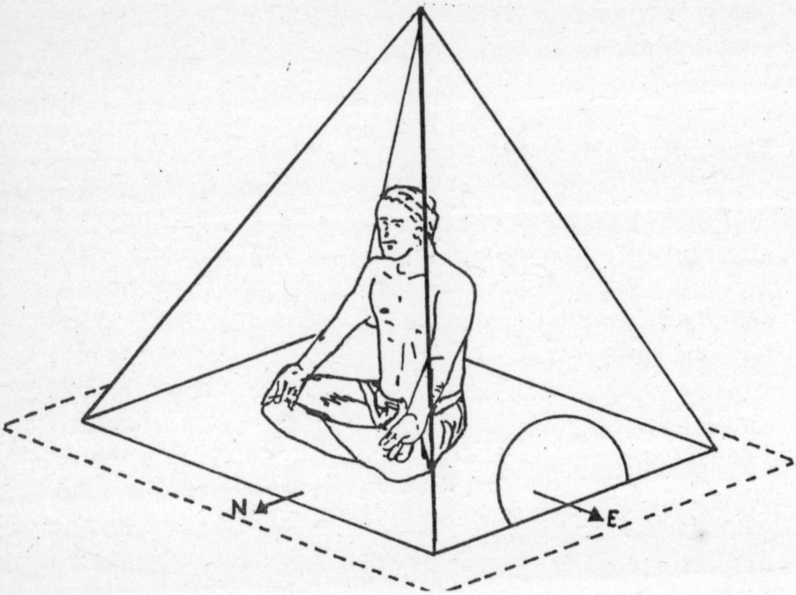

Figura 18

Como iniciación a la meditación, es correcto, pero con la práctica de la meditación, tu mismo puedes descubrir por dónde introducirte y qué orientación es la que más afecta y más energía te aporta, según sea el tipo de experiencia que deseas efectuar.

No te desanimes si en las primeras experiencias no obtienes los resultados que deseas. La Pirámide es un magnífico auxiliar, pero no es el total de lo que se deseas. Con tesón, deseo y mucha práctica, sí se convertirá la Pirámide en tu total deseado.

POSIBLES EFECTOS SECUNDARIOS EN LA MEDITACIÓN

Es muy posible que durante el experimento que lleves a cabo sientas algún malestar físico. Tienes que familiarizarte con los posibles efectos secundarios antes de usarla. Eso es lo que te aconsejamos, y nuevamente recalcamos que la tolerancia a estas nuevas energías has de ganarla poco a poco.

DOLORES DE CABEZA

Durante una meditación o curación, tal vez empieces a sentir un dolor de cabeza especialmente intenso en el centro de la frente. Esta reacción se debe a que el campo de energía de las Pirámides se sintoniza con los de tu cerebro, que fluye a través de la glándula pineal, o tercer ojo; situada encima del centro de la frente. El tercer ojo requiere la atención especial, al estar ligado al centro intuitivo de la mente. Contrariamente a la connotación de "ojo", no hay ninguna conexión entre este centro y los ojos físicos. Los esoteristas lo conocen bien, ya que se trata de uno de los principales puntos sensitivos esotérico entre la nariz y los ojos, llamada Chakra del tercer ojo o glándula pineal con la que está relacionada. Esta aletargada glándula pineal, la usaban los antiguos hombres para ver la materia no sólida. En la actualidad los hombres modernos carecemos de esta habilidad ante la falta de uso, lo mismo que un sinfín de antiguos instintos y capacidades sensoriales que hoy no usamos, aunque pueden reactivarse según sea la necesidad de la persona que se encuentre en situación crítica. Los soldados americanos en las junglas de Vietnam tuvieron que aprender a redescubrir estos sentidos para poder sobrevivir. En la meditación con la Pirámide, con este tercer ojo aumentamos aún más nuestra conciencia, poniéndonos en contacto con la mayor parte del mundo físico, que resulta invisible a nuestra vista. Recoge información, tales cómo vibraciones del lugar, los sentimientos de las personas, las energías etéricas y espirituales, más todo aquello que el ojo físico no registra. Que tú seas o no consciente de esta información, siempre dependerá de tu nivel de desarrollo, ya que todos tenemos la habilidad innata de entrenar esta capacidad olvidada hoy en día, y pornerla a pleno rendimiento.

Una forma bien sencilla de localizar en ti el Chakra del tercer ojo, consiste en ponerte a imaginar un objcto claro en tu mente hasta que lo sientas en ti. Ha de ser un objeto con siluetas generales que te sea fácil pensar en él. Cierra los ojos y procura verlo dentro de ti lo más claro que puedas. Si el objeto en que piensa es grande, achícalo de tamaño y procura que se quede en un tamaño no mayor de una cajita de fósforo. Intenta tocar con tu dedo índice el centro del objeto que tienes en tu pantalla mental sin abrir los ojos aún, tu dedo te dará el punto de localización del tercer ojo.

Después de esta explicación del tercer ojo volvamos a los dolores de cabeza, que deben considerarse como parte del proceso positivo de estimulación de los centros intuitivos de la mente.

Por supuesto que lo único recomendable desde mi punto de vista, y vuelvo a reiterarme, que cuando te sucede algún malestar de esta índole en el curso de una meditación, abandónala, puede que te hayas sensibilizado o sobrecargo en exceso. Tal vez demasiada energía se te haya filtrado en el cuerpo muy rápidamente. Piensa que cada persona tenemos unos márgenes de tolerancia determinada, y que la forma de medirla es mediante una cautelosa experimentación.

EL HORMIGUEO DE ENERGÍA

Son como pequeñas descargas eléctricas, parecidas a pinchazos de agujas, que se puede sentir en diferentes partes del cuerpo conforme se medita con la Pirámide.

También se puede dar el caso de que los picores no aparezcan en tu cuerpo hasta pasado varias horas después de haber finalizado la meditación, que finaliza en poco tiempo, unos minutos y todo acabado. Por lo general aparece en las zonas de tu cuerpo que han sido afectadas y han sufrido daño en la cobertura etérica, lo que es una evidencia de la energía de la Pirámide. No dejes de experimentar y conseguirás eliminar esas imperfecciones.

Al hormigeo del cuerpo en ocasiones también le acompaña cambios de temperatura corporal alternando frío y calor. El calor se debe a la entrada de energía en la Pirámide y el frío es la liberación del exceso de energía para mantener el equilibrio.

Si durante la meditación, cuando aparecen estos síntomas, las sensaciones son intensas, puedes abandonar la meditación como ya hemos dicho, o hacerla aún más corta de tiempo, dando tiempo al cuerpo para que aprenda a tolerar el poder, el proceso no admite prisa.

ENTUMECIMIENTO

También puedes experimentar una sensación de entumecimiento en manos y antebrazos. Es una reacción que se debe a la corriente de energía que fluye entre la Pirámide y tú, que experimentas esta carga. Una vez terminada la experiencia, desaparecerán las sensaciones.

DIARREA Y ESTÓMAGO ALTERADO

Con una sobreexposición de la energía de la Pirámide puedes causarte esta clase de malestar. Cuando esto ocurre, te está demostrando que tu cuerpo en estos momentos no está en condiciones para llevar a cabo ninguna sesión, por lo que es recomendable que lo dejes para mejor ocasión. Tal vez los órganos internos del cuerpo físico no se hayan ajustado a la nueva energía que recibe de la Pirámide, como siempre es el factor tiempo el que logrará acostumbrarlo poco a poco.

Estos síntomas de diarrea y estómago alterado se pueden dar, aunque no siempre tanto en una meditación, o a un paciente en una sesión de curación, por lo que es recomendable dejar que la persona que está en tratamiento se recupere totalmente cortando la sesión y reanudarla pasado unos días, o es posible que una semana un plazo más que suficiente para que desaparezcan los bloqueos y/o espirituales.

NEGATIVIDAD

Para alguien que empieza a trabajar por primera vez con energía de la Pirámide, puede ser que experimente algunas reacciones emocionales negativas. Esto se produce porque tan pronto como empieza el desarrollo consciente, del experimentador, se hace cada vez más sensible a las situaciones externas. Lo que quiere decir que se encuentra mejor sintonizado, tal que si fuera un radiorreceptor, y es así como es más sensible a las vibraciones, reaccionando ante algún hecho o cosa de diferente forma en que lo hiciera en situaciones anteriores. Así tal vez lo que anteriormente no te hubiera molestado, de repente te produce irritación y cabreo. Ésta es una fase que el experimentador debe aceptar como parte del proceso de conciencia, ya que no lo podía evitar. Pero debe comprenderlo, aceptarlo y soportarlo, porque lo que en él se está produciendo es un progreso en sus trabajos experimentales.

En una sesión de relajación o meditación, ante la liberación de cargas emocionales que se produce, también puede sentirse sensación de vértigo o mareo, sentirse también como en un espacio diferente, tener una sensación de irrealidad, que no debe preocupar en absoluto al experimentador, ya que pasados unos minutos rápidamente cualquier alteración desaparece.

Los experimentadores que no atraviesan por ninguna de estas sensaciones, deben asegurarse que se produce reacciones en su yo físico y espiritual, para saber si su cuerpo se ha ajustado a la energía de la Pirámide. A partir de entonces estará más capacitado para hacer disposiciones incluso más poderosas.

IX

LA PIRÁMIDE Y LA RADIESTESIA

Entre todas las artes adivinatorias que la humanidad ha practicado y que aún practica, se encuentra la Radiestesia. Es sin lugar a duda una de las más antiguas. Durante todas las épocas de la historia los dotados con este tipo de conocimientos fueron muy famosos y considerados como benefactores en todo el mundo. El asombro que despertaban estas personas era espectacular porque con su sensibilidad somática captaban radiaciones y emanaciones del ambiente, logrando localizar los cuerpos emisores mediante péndulo, o baqueta de madera que oscilaba en presencia de estos cuerpos. Para el mundo de la ciencia no tiene ningún significado el hecho de que un hombre con un péndulo metálico o varilla detecte mediante oscilación o vibración el hallazgo de objetos, o personas que se desea localizar. También la parapsicología no tiene una definición clara en cuanto a su desarrollo como fenómeno. Aunque no discute ante su realidad. Otras gentes conservan aún el ingenioso y primitivo concepto acerca de la radiestesia. Se sigues imaginando a los viejos campesinos curtidos por el sol y el agua y abrigados con raídas prendas, y calzados con toscos zuecos, llevando entre sus

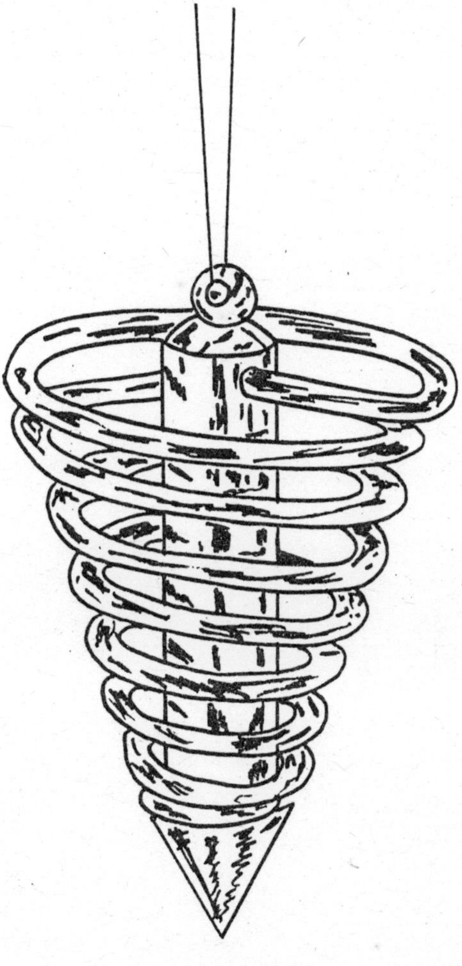

Figura 19.

manos su horquilla de madera para localizar los yacimientos de agua subterránea para paliar la sequía que tanto azotaba a muchos lugares del planeta. Y también se imagina a los antiguos Zahoríes tan expertos en hallar depósitos y corrientes de agua subterráneas, facultad extraordinaria que tenían estos pueblos para esta clase de hallazgo.

Figura 20.

Quizás no le falte razón, pensar así de ellos puede ser debido a los métodos con que consiguen detectar el manantial, ya que podríamos decir que desde tiempos muy remotos ésa era la forma más daguerrotipada de estos sujetos que demostraban su hipersensibilidad y descubriendo tan preciado líquido para paliar la sequedad de muchos campos desolados.

La palabra *radiestesia* proviene de dos voces griega, *radius*, que quiere decir *radiación*, *aisthesis* que significa *sensación*.

Existe una controversia entre los expertos aún sin acuerdo, si la palabra *radiestesia* proviene del abate francés Bouly, párroco en una aldea al norte de Francia, o su amigo el profesor Bayard, que enseñaba en la Universidad de Lille. Los dos compartían las mismas aficiones por la rabdomancía, y fueron los primeros que dieron el nombre a este fenómeno.

Las raíces etimológicas presumen que de entrada todos los cuerpos emiten unas ondas o radiaciones que el péndulo traduce a través de una serie de movimientos que permite su localización.

Igualmente es lo mismo que se aprende hoy en día cuando se inicia una persona en la radiestesia.

Cada cuerpo emite sus propias ondas a gran distancia, lo que permite a las personas con sensibilidad captar su presencia aunque el objeto esté enterrado a gran profundidad.

Según sea el movimiento del péndulo o varilla los radiestesistas pueden saber de qué objeto se trata, ya que se encuentran clasificados hoy en día casi en su totalidad la mayoría de ellos según su radiaciones. Por lo que casi con toda seguridad hoy se podría afirmar que es lo primero que un zahorí o radiestesista podría detectar ya que las ondas o radiaciones de cada cuerpo son diferentes, por lo tanto diferente es el movimiento del péndulo o varilla.

LA PIRÁMIDE MEDIADORA DE LOS RADIESTESISTAS

Los radiestesistas tomaron enseguida conciencia sobre el poder de las Pirámides. Para ellos el descubrimiento del péndulo reforzaba la idea Cheops, era un catalizador. ¿Pero cómo la usaban los egipcios? ¿Que relación había entre péndulo y Pirámide? Muchas fueron las preguntas que se hicieron de las que no hayaron respuestas ya que sin duda están enterradas para siempre en las arenas del Valle del Nilo.

Pero centrémonos nuevamente en el desarrollo de la radiestesia, ya que los estudiosos del tema no se sienten satisfechos. No cree que con la ayuda de un péndulo o varilla nadie sea capaz de detectar las ondas de cualquier cuerpo natural.

Para ello las cosas no son tan fáciles ni sencillas, por lo que este esquema aparentemente diáfano y elemental tiene gran cantidad de fisuras y contradicciones. Porque no necesariamente todos los cuerpos naturales emiten radiaciones, tan sólo las sustancias radiactivas como el uranio, el plutonio, el rádium y los cuerpos incandencentes que emiten luz propia como una brasa encendida, inclusive el sol, etc. Otra mayoría de objetos que vemos no emiten radiaciones, nos revela su presencia reflejando la luz natural del día y tambien la artificial de una lamparilla. Los físicos han demostrado que sí emiten estos otros cuerpos débiles radiaciones casi imperceptibles y, por supuesto, imposible de detectar a distancia.

La Biónica, nuevo sector de estudio y de investigación aplicada nacida hace pocos años a partir de los problemas comunes de las Ciencias Biológicas y de la ingeniería electrónica dentro del ambito más amplio de la cibernética, ha demostrado que un organismo puede localizar objetos, emitiendo una radiación el organismo sobre el objeto, que se refleja y vuelve a captar después, con lo que llega a calcular su distancia y la naturaleza del objeto. El tema de estudio de la Biónica es el funcionamiento de un organismo en conjunto, más que en sus particularidades anatómicas. Según la definición de Gordon Pask, la Biónica tiende a interpretar el fenómeno de la vida como un caso particular de sistema autoorganizado, concepto que proviene de la cibernética. El estudio de los sistemas biólogicos tiende a determinar modalidades y leyes de funcionamientos que permitan reproducirlos en sistemas artificiales con lo que el hombre pueda potenciar su propia capacidad y realizar nuevas conquistas. Los murciélagos hacen uso de esta facultad a traves de ondas inaudibles (ultrasónicas) y que la ingeniería humana ha calcado esta técnica por medio del rádar y del sonar. La electrónica contribuye a esta ciencia con especial eficacia, ya que permite realizar modelos de funcionamiento análogos a los sistemas estudiados y remontar desde su análisis a las propiedades aún desconocidas de los modelos originales. Todos estos sistemas que utilizan incluso el láser y la radiación calorífica (infrarroja) reciben el nombre de *sen-*

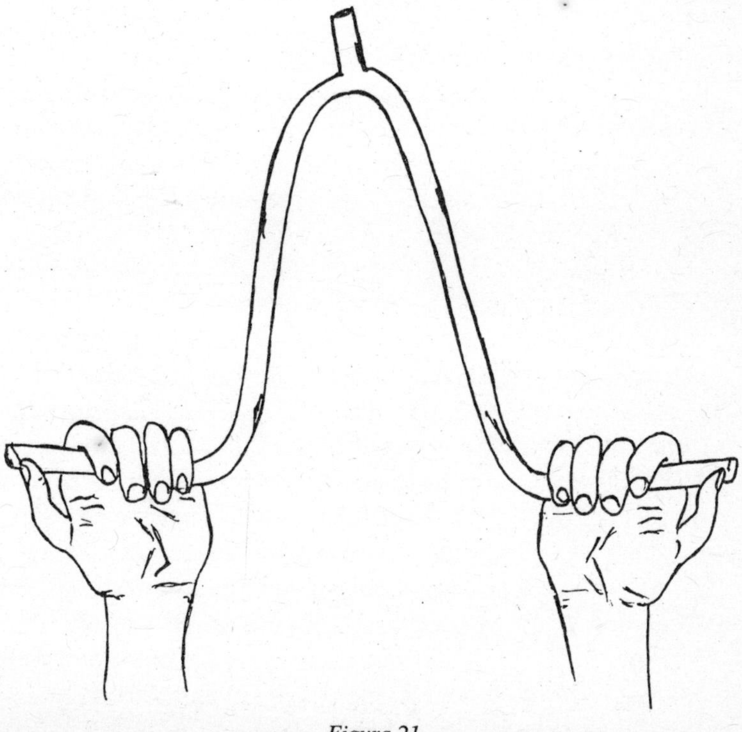

Figura 21

sores remotos. Los estudios realizados sobre el físico y neurofísico de los sistemas perceptivos y cognoscitivos del hombre y del animal han servido para la realización de máquinas útiles, para el reconocimiento de esquemas, para el aprendizaje y la enseñanza, y para la conservación y restitución de las informaciones, lo que da a entender que los traductores tienen aplicaciones en los sistemas de comunicación. Así sucede con los procedimientos de recogida, codificación y almacenamiento de información, en las calculadoras y sistemas de inteligencia y autoorganizadores. Con este mismo derecho podríamos imaginar el cerebro humano emitiendo desconocidos trenes de onda que logran reflejarse en un porfundo yacimiento de hierro; sin contar por supuesto con otros puntos de vista que atribuyen a los rabdomantes facultades supranormales, capacidad hiperestésica, etc.

Los radiestesistas modernos ya no usan el antiguo instrumento de avellano con forma de "Y" invertida (figura 21), ni la postura de las manos que te muestra la figura como recomendaban en la antigüedad los mejores zahoríes, quienes recomendaban las palmas de las manos y los dedos hacia arriba. Como ves, en realidad, no existe una norma general.

Este modo o forma se ha quedado anticuado y ha sido sustituido por el péndulo y otras series de aparatos aún más sofisticados. Aunque nadie pone en duda que alguien con su propia mano extendida sea capaz de captar ondas que le permitan localizar con exactitud dónde se encuentra ubicado un objetivo, ya que éste extiende su campo de acción a diferentes gamas, con lo que detectarlo puede ser fácil para los bien dotados o preparados.

Pese a la incredulidad de muchos, los radiestesistas no han cesado en su afán de trabajo en investigaciones para conseguir catalogar todo cuanto se ponía bajo su péndulo o varilla, así han ido clasificando todo cuerpo según sean sus radiaciones. Por lo que hoy se sabe con afirmación que cada persona, enfermedad, medicamento u objeto, emite sus ondas particulares. Lo que no ha resultado nada extraño tampoco detectar radiaciones anómalas en objetos situados en uno u otro lugar. De esta forma con sus instrumentos en mano percibieron reacciones en el emplazamiento de lugar o de habitación de las camas de algunos enfermos, que con el cambio en muchos casos se conseguía notable mejoría y curación. Las radiaciones que causaban dichas perturbaciones fueron llamadas *ondas nocivas*. En la biónica de hoy se puede contemplar la siguiente relación de especialidades:

1. **Radiestesia:** Es la capacidad que tiene el experto para descubrir con su instrumento especial: *péndulo, varilla de ballena, etc.,* la presencia de alguna sustancia u objeto en un mismo marco físico donde éste opere.

2. **Telerradiestesia:** Es la facultad que permite la localización de sustancias, objetos y personas a gran distancia, operando sobre un plano o diagrama de campo por medio de un sensor operativo, el *péndulo*.

3. **Radiobiología o Radiodiagnóstico:** Es el método de diagnóstico o localización de enfermedades, malformaciones, tumores o cuerpos extraños asociados a un organismo vegetal, animal o humano, utilizando un sensor radiestésico y operando sobre un cuerpo, un diagrama o fotografía del mismo.

4. **Radiónica o Psicorradiónica:** Es el nuevo campo de aplicación que trata de utilizar las presuntas radiaciones desconocidas de la materia para su detección automática o su aplicación sobre los organismos vivos, su cerebro o su mente.

La figura 22 muestra un ejemplo del método de diagnóstico con el péndulo sobre la fotrografía de un paciente. Es la llamada Radiobiología o Radiodiagnóstico.

Mientras no se llegue al total esclarecimiento de esta etiología o, mejor dicho, el origen de estos fenómenos que permiten que un hombre consiga detectar la presencia de factores químicos y funciones de carácter biológico u orgánico, *enfermedades* y *alteraciones funcionales*, resulta prematuro englobar la radiestesia, de igual forma que la han hecho algunos autores, como una ciencia más extensa e integradora lo mismo que la radiónica.

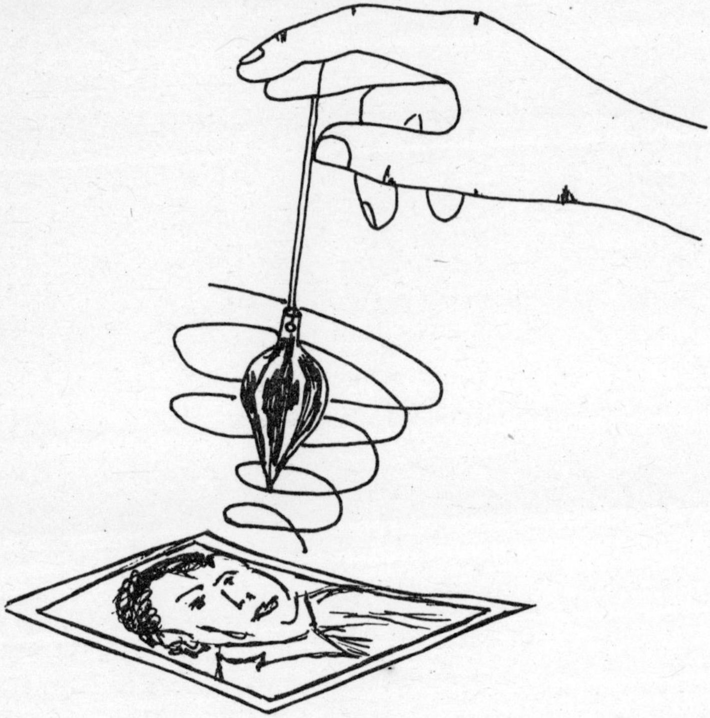

Figura 22.

LA HISTORIA NOS CUENTA

Investigando cualquier cultura pasada, siempre encontramos la creencia de que el hombre si no uno, otro, posee facultades adivinatorias que le permiten descubrir tesoros, como corrientes de aguas subterráneas, paraderos de personas desaparecidas o filones de algún mineral. Esta creencia siempre ha estado ligada al hombre. En todos los núcleos de población, ya sean tribus o naciones, siempre se ha reconocido la figura del hechicero, mago o sacerdote que en ocasiones en estado místico de trance estático y otras veces seguido por sus adeptos, recorrían los caminos y bosques que rodeaban sus poblados agitando una varilla de donde pendían plumas de vistosas aves, cascabeles y conchas de moluscos, en busca de alguna cosa, bien perdida o bien para alimentar y proveer a la tribu.

En Europa y no en una época muy lejana, los primeros en hablar del tema de la radiestesia fueron los franceses, como ya mencionamos anteriormente, seguido de los alemanes, entre los que destacaron Kritzinguer y Gotsche en primer lugar, seguido de Von Pohl, que despertó el interés por el tema en todos los países con su obra *Erdstrahlen als Kraukhiteserreger* (los rayos terrestres como causa de enfermedades), publicada en 1932.

Por esas mismas fechas una serie de nuevos fenómenos ya se habían descubierto: algunas carreteras donde en un punto fijo se producían accidentes en número superior a lo habitual sin ninguna explicación aparente posible; edificios en donde los habitantes sufrían enfermedades mortales, registrándose además suicidios y actos violentos también superior a lo habitual, como las famosas casas llamadas cancerígenas. Nada de estos hechos tenía una explicación lógica, por lo que se tuvo que investigar las causas específicas a través de la radiestesia, detectándose en esos lugares la existencia de ondas nocivas.

Los radiestesistas intercambiaban sus hallazgos y conclusiones a que les llevó a formular la teoría de que la superficie de la tierra está envuelta por dos redes paralelas de fuerzas, la primera subterránea o telúrica, y la segunda superior o cósmica. A causa de los accidentes del terreno, corrientes subterráneas, fallas naturales, yacimientos, cavidades, etc., en los lugares en donde hubieran estos accidentes, se produciría un desequilibrio entre las dos fuerzas, siempre en el sentido de mayor fuerza telúrica, que cuando afloraban éstas a la superficie, aparecían en ese mismo punto las ondas nocivas.

Esta teoría de los radiestesistas modernos prácticamente es una lógica continuación de la herencia de los pueblos antiguos, que tenían creencias como la existencia de ríos

Figura 23

infernales donde las sombras de los muertos se desintegraban, ríos que emergían en ciertos lugares del subsuelo como géiseres invisibles.

Los géiseres son un surtidor periódico de agua hirviente en algunas zonas volcánicas. A cierta profundidad, debido a la temperatura alcanzada, el agua se volatiza instantáneamente pese a la carga de agua fría que soporta, proyectando entonces un chorro acuoso a determinada altura, fenómeno que vuelve a repetirse siempre que se alcanza el punto de ebullición. *Hoy en día entre los géiseres más famosos, son los de Islandia, N. Zelanda y EE.UU.*

Era allí donde aparecían los géiseres, donde los hombres prehistóricos plantaban sus menhires, tal vez como poste señalador de éstos, o tal vez como acumuladores de fuerza telúrica (figura 23).

LA RADIESTESIA EN LA BIBLIA

Es de destacar la gran abundancia de alusiones al sistema mántico de prospecciones que encontramos en las Sagradas Escrituras; por ejemplo, a Moisés, siendo un elegido, un intermediario entre lo númerico, lo divino y el hombre, se le atribuye carácter de mago, pese a que en ocasiones, debido al estilo literario de la Biblia, no se distinguen bien cuáles son los hechos reales de la aureola místico-poética que rodea los relatos sublimes de los libros, como el Génesis, Éxodo, etc., pero lo cierto es que imaginar la imagen de Moisés golpeando con su vara de rama de almendro, *como era según la Biblia la que usaba*, a las grandes rocas hasta hacer saltar una vena de agua, *ansiado líquido del desierto*, no hay ninguna evidencia de que no se pueda asociar ésta al arte de la rabdomancia. Por supuesto, que todos conocemos que a los judíos ortodoxos, este tema les produce repugnancia. Para ellos todo acto de brujería y mancía es una blasfemia. Cosa evidente es que el pueblo llano simboliza el culto a Jehová con su oculta admiración y fervor reverencial a las artes adivinatorias, lo mismo que los brasileños de hoy, que logran una síntesis entre su catolicismo y la fe espiritista.

Lo que los judíos ortodoxos no pueden poner en duda, es cómo se produjo el desarrollo de Moisés en la tierra de Egipto: La Biblia ya nos habla de que el primero de los judíos que vivía en Egipto era José, hijo de Jacob, y la forma en que llegó a la tierra de los faraones todos la conocemos, vendido por unos mercaderes que los rescataron de la cisterna en la que fue arrojado por sus hermanos llevados por la envidia. En Egipto José, llegó a ser el ministro del Faraón por las revelaciones de los sueños donde le advirtió acerca de las siete vacas flacas (observa el número siete, esotérico). Y... José llamó a toda su familia para que fuera a Egipto, donde crecieron todos llegando a constituir una importante parte en la tierra de los faraones.

Pasados varios siglos, Moisés ya era caudillo de los hebreos después de la historia que vivió y que todos conocemos. Su misión era redimir a su pueblo de la esclavitud que sufría bajo la férula faraónica y sacerdotal, para lo que puso en juego todos los prodigios que conocía, entre los que se encuentran también el del Mar Rojo, que separó las aguas para huir de la persecusión de los egipcios que también derrotó con las mismas aguas, según la Biblia.

El sabio Moisés era poseedor de toda ciencia de la verdadera magia de los sacerdotes egipcios. Se valió de ella también para transformar en serpiente su vara de madera; aunque en realidad este milagro lo realizó su hermano Aarón, por mandato de él. Entre sus extraordinarios sucesos, está también la predicción que hizo de la plaga de Egipto, donde perecieron todos los menores de hasta nueve años de edad.

Aunque, la historia pone en duda el paso del Mar Rojo por Moisés y los hebreos, no deja de ser un hecho maravilloso, y rendirnos a la evidencia, porque los hebreos no tenían otro camino por donde pasar para llegar a la tierra prometida "Judea".

DE DONDE VENÍAN LOS PODERES DE MOISÉS

La Biblia nos habla que fue Dios, quien otorgó los dones mágicos a Moisés, pero lo que sí es cierto, es que Moisés por sí mismo, ya conocía la magia desde que residía en Egipto, cuando fue salvado por la hija del Faraón de las aguas del Nilo de un modo un tanto milagroso. Su natural inteligencia muy pronto dominó todas las ciencias de los egipcios, llegando a dar lecciones a los mismos sacerdotes. Consideraba que aunque sabía tanto, aún deseaba conocer las ciencias mágicas y para lograr su objetivo se hizo discípulo del sumo sacerdote Anacharsis, el más sabio de todos los magos.

A Moisés se le conocía como "*hijo de las aguas*". El mago-sacerdote, vio en Moisés gran disposición para el estudio de la ciencia verdadera y se dedicó a enseñarle todo cuanto él sabía, llegando Moisés a ser tan buen mago, que incluso llegó a dar lecciones a su maestro. Entre los amuletos y talismanes que poseía su maestro, se encontraba un pequeño dragón rojo de un raro metal tallado al que éste tenía gran estima.

Al iniciarse Moisés en los misterios de la magia, también se inició en la ciencia de los talismanes y amuletos, consiguiendo examinar a su capricho el museo del anciano sacerdote-mago, despertando en él la curiosidad por el amuleto del dragón rojo por lo que se propuso averiguar las virtudes para lo que fue creado, pidiendo al mago que le aclarase cuáles eran sus propiedades. Al sacerdote le satisfizo la curiosidad de Moisés, ya que él deseaba tambien poner al corriente a su discípulo sobre lo que encerraba el dragón.

–Moisés querido –dijo–, no te extrañe de que tanto te llame la atención este dragón, ya que él es el símbolo de tu persona.

Ante tales palabras, Moisés se asombró extraordinariamente pero reaccionó diciendo que no acertaba a entender qué relación podía existir entre el talismán y él.

A lo que el anciano insistió:

–La relación es muy simple. Al igual que tú, este dragón también es hijo de las aguas, él me ha servido para atraer tus pasos al templo de la auténtica sabiduría –las palabras que el anciano sacerdote-mago decía, dejaban cada vez más extrañado a Moisés, pero seguía escuchando al anciano que decía: Moisés tú dudarás de que un objeto como éste haya influido sobre ti desde el momento en que fuiste arrojado a las aguas del Nilo, hasta la hora presente, e igualmente marcará tu camino hasta el resto de tu vida.

Con lo que oía, Moisés no podía articular palabra, se quedó mudo de estupor; cuando por fin pudo reaccionar, pidió al anciano conocer la relación exacta que él tenía con el dragón, y por qué éste estaba en su poder.

El anciano prosiguió diciendo:

–Has de saber que en el momento en que tu propia madre te lanzó al río, para librarte del mandato del Faraón de matar a todos los primogénitos de los judíos, este dragón te tomó bajo su protección, haciendo que el cesto donde fuiste depositado y luego arrojado a las aguas, sobreflotase hasta la presencia de Thermutis, la hija del Faraón, haciendo despertar en ella el ánimo de dirigirse en ese mismo instante al río y desear ver qué contenía el cesto de mimbre. Eso impulsó a Thermutis a recogerte y prohijarte, y fue a mí a quien el dragón, a través de señales, me contó cuanto habia hecho por ti.

El mago sacerdote terminó su relato diciendo:

Ya sabes cuanto necesitabas saber sobre tu talismán. No debe extrañarte para nada la gran influencia que este pequeño dragón ha ejercido sobre tu persona. También fue él quien te sugirió el deseo de venir a mi casa para aprender las ciencias mágicas y será él quien te dará también definitivamente el poder de aprenderlas para que, por su virtud, logres tener algún día todo cuanto se te antoje, por extraordinario que te parezca.

Toma pues tu talismán que te otorgará un dominio absoluto sobre los espíritus y todos los elementos del universo... Con él nada te será imposible conseguir y todo se doblegará ante tu mandato. Lo único que sí te encargo es que, cada mañana a la salida del sol, con tu talismán en la mano pronuncies las siguientes palabras:

JOBSA

JALMA

AFIA

Es la invocación al espíritu superior, que todo lo preside, y al que deberás adorar eternamente. Después de pronunciar estas palabras has de darle al dragón un gramo de alcanfor puro, sin mezcla, tal como si fuera un gramo de trigo.

Moisés tomó con toda confianza el talismán y agradeció en gran manera al anciano Anarchasis, prometiéndole que pondría todo su empeño en cumplir fielmente sus consejos y enseñanzas y dedicar todo su poder en procurar la libertad de los israelitas que eran esclavos de los egipcios, hecho que consiguió después de muchos y maravillosos sucesos *(Tratado de magia verdadera "El libro Infernal")*.

Sin embargo, existen controversias entre algunos autores y los expertos sobre los temas radiestésicos porque no encuentran evidencia de que Egipto practicase la rabdomancia, a pesar de los hallazgos que los arqueólogos exhumaron instrumentos parecidos a los que utilizaban los zahoríes. Estos instrumentos los atribuyen los expertos a aplicaciones litúrgicas que nada tienen que ver con el arte de la rabdomancia.

En Roma sí se conocía bien la técnica prospectiva del péndulo. Es muy posible que tanto las tradiciones de la cultura griega como sus homólogos con los mismos dioses, hicieran uso de esta técnica. Toda la mitología griega está llena de dioses olímpicos que portaban varas, como Circe y Medea, con la que ejercían su poder de hechiceros. Desde tiempos muy remotos hasta nuestros días, la varita mágica es un símbolo del poder de todos los magos, aunque a ciencia cierta existen dudas de cuál sería la verdadera función de ésta.

1.º La manteía, o adivinación con que la flexible rama se mueve en las manos del mago revelándoles los secretos supremos.

2.º La capacidad generadora de poder esotérico, una auténtica antena cuyos efluvios son capaces de trastornar las leyes naturales.

VARITA MÁGICA

Todos los magos, hechiceros y rabdomantes, se fabrican sus instrumentos de trabajo, por lo que ponemos en tu conocimento, si eres apasionado del ocultismo, la descripción y utilidad de cómo puedes fabricarte tú mismo cualquier instrumento mágico.

Moisés hizo manar agua de una roca en el desierto, y por tradición, la *varita mágica*, la usan quienes buscan agua en terrenos secos.

Fabrícala de la siguiente forma:

Busca un avellano silvestre, o que no haya sido sembrado por las manos de ningún hombre. Cuando lo localices,

Moises y su varita magica

no te precipites en cortar la rama que te parezca, ni tan siquiera el día que te venga en gana. Aguarda a encontrarte en la fecha propicia y en el día indicado, que suele ser un domingo del mes de junio a la salida del sol, por el horizonte. Tienes que encontrarte al pie del avellano con un cuchillo de mango blanco en la mano. Conforme aparezca el sol por el horizonte, disponte a cortar la rama que deseas a la vez que dices la oración siguiente:

¡Oh, yo os ruego, gran Adonay,
Eloïn, Ariel y Jehová,
que me seáis propicio
en esta hora,
concediendo a esta varilla
que voy a cortar
la fuerza y virtudes
de las que poseyeron
Jacob, Moisés, y Josué.
Vuelvo a suplicaros,
oh Adonay, Elöim, Ariel y Jehová,
la adornéis con la fuerza
de Sansón,
la ciencia de Hirán
y la sabiduría de Salomón,
para que pueda yo,
por vuestra intercesión
y las virtudes de que la adornéis,
descubrir tesoros, metales, agua
y cuanto está oculto
a mis ojos!

Realiza esta oración con gran fe y ardor. Después de terminarla levanta la vista hacia el sol, y corta la rama con tres tajos, ni más ni menos. Piensa que es un ritual lo que llevas a cabo y tienes que hacerlo que lo sientas tú en tu corazón.

Una vez que tienes la rama en tu mano, la operación siguiente puedes hacerla en tu casa o bien ahí mismo. Se trata de pasar la rama ligeramente por la llama del fuego de una lumbre para poder mondar con más facilidad la cubierta o corteza de la rama. Si lo vas a hacer en casa, además de la lumbre tienes que disponer de un recipiente con agua de río. Después de pasarla por la lumbre la rama hincada en el cuchillo, sumérgela en el agua del río a la vez que dices:

¡Oh varita de virtud rara!
Vales mucho más que el oro,
porque por ti lograré tesoros
y tú siempre serás vasta.

Tienes que sumerger la varita en el agua y repetir la oración tres veces. Seguidamente puedes uncir tu varita con tu perfume personal, y proceder a guardarla cuidadosamente hasta el instante en que tengas que usarla.

EL CIRIO MÁGICO

Todos los autores insisten en afirmar que para saber si existe un tesoro enterrado en algún lugar, es imprescindible alumbrarse con un grueso cirio hecho de grasa humana, y colocarlo en una media luna de madera, que tiene que ser de avellano, como si fuera un candelero con los cuernos hacia arriba.

Figura 24.

En la época de Luis XVI, había una célebre bruja en Francia llamada La Voisin, que se hacía fabricar cirios negros preparados con grasa de ahorcado, para celebrar misa negra.

Antiguamente en las evocaciones del diablo, en los rituales de magia negra e infernal, el evocador se alumbraba con tres cirios y entre los brujos un cabo de vela fabricado tal como te muestra la figura 24, un accesorio indispensable del acostumbrado ceremonial, conducente a las apariciones y a los pactos en que intervienen los poderes maléficos.

Figura 25.

BASTÓN MÁGICO

En todas las operaciones de índole teúrgica y goética, la varita y cetro del mago son antiguos instrumentos que nunca faltan, no sólo porque sirven para trazar el círculo en la tierra, dentro del cual se coloca el evocador al abrigo de los peligros a que de otro modo estaría expuesto, sino que es un medio eficaz de dominar, al cual obedecen las potencias invocadas con más premura que nosotros obedecemos a cualquier autoridad que nos presenta un bastón de mando.

El bastón mágico también es de madera de avellano, tomado de un retoño de un año, cortado el primer miércoles de luna nueva entre las once y las doce de la noche. Localizada la rama, con la mano traza sobre ella cruces de bendición a la vez que dices:

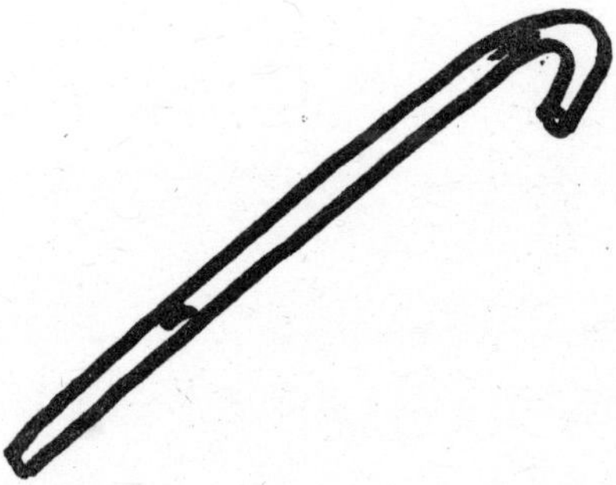

Figura 26.

Alga †
On †
Tetragrammaton †
Abraxa por dominum nostrum †
fiat Deus †
dux unus †
in tenebris trinus †

Corta la rama de avellano y conságrala situándote cara al Norte y haciendo con ella tres cruces al aire cogida con las dos manos. Después escribe en la corteza de la rama, en la parte de arriba con un punzón que no haya sido usado lo siguiente:

Tienes que proceder de la siguiente forma: cuando escribas en la parte superior la palabra AGLA, le haces una cruz con la mano lo mismo que con la palabra ON en el centro, terminando de la misma forma en la parte inferior con la palabra TETRAGRAMMATON, a la vez que dices el conjuro siguiente:

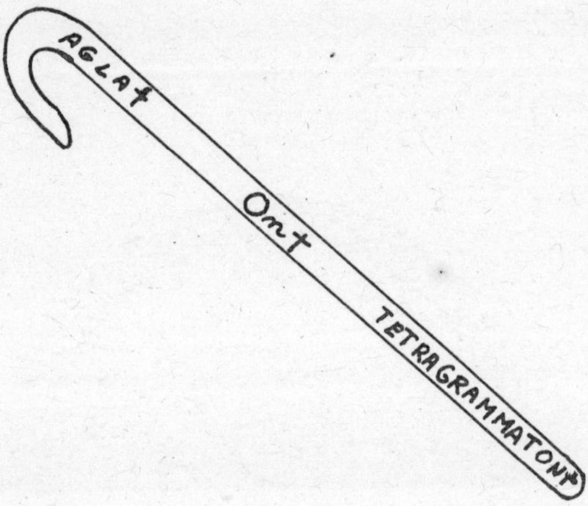

Figura 27.

Conjuro te cito mihi obediere.
Venias per Deum vivum † per
Deum verum † per Deum Sanctum †

BASTÓN DEL VIAJERO

En la fabricación del bastón del viajero, en vez de avellano, se usa una vara de saúco, al que se le saca la médula. Preparar luego los ojos de un lobezno, la lengua y el corazón de un perro, tres lagartos verdes y tres corazones de golondrina; todo junto tienes que disecarlo y luego lo reduces a polvo. Tienes que introducir todo el polvo resultante en el hueco que queda en la vara de saúco después de sacar la médula. Una vez que hayas rellenado el palo, tienes que cubrirlo con siete hojas de verbena que hayas cogido durante la víspera de San Juan. Después de cubierta la vara le colocas encima una piedra multicolor que tienes que sustraer de un nido de abubilla. Déjalo macerar un tiempo entre quince o veinte días, luego le engastas un puño metálico triangular en el que previamente hayas trazado el sello de Salomón en color verde.

El bastón del viajero protege a quien lo posee de todo mal que le pueda rodear.

Figura 28.

Como es de suponer los psicoanalistas extraerán otras conclusiones sobre la varilla mágica. Pero dentro de la magia, ésta constituye el críptico símbolo del falo masculino con su gran capacidad de acción. Así en la mitología, Mercurio levanta en alto su cadúceo siempre que quiere desencadenar alguna tempestad. Y Neptuno con su tridente, símbolo de su poder sobre los mares; ¿no es el tridente el predecesor de los modernos cetros que hoy utiliza la realeza?

En la antigua Roma los mánticos también usaban instrumentos aunque no iguales, similares al péndulo, además del llamado lituo *(lituus)* aunque los romanos daban este nombre a dos cosas. Una era un instrumento de viento parecido a una trompeta de tubo en forma de cayado que usaba en especial el ejército, y que habrás visto en películas de romanos. La otra era el cayado que usaban los magos como insignia de autoridad, etc. Según Cicerón *(De Divinatione)* ciertos magos usaban esta clase de cayado para buscar monedas, áureas, agua. Según algunos historiadores romanos, narran que las legiones romanas en sus contiendas, en los países bárbaros, siempre iban precedidas de un mago con su lituo en mano.

Más adelante, en la Edad Media, pese a la persecución tan implacable que sufrieron los zahoríes mediavales, por la inquisición católica que condenó a perecer en la hoguera a muchos de estos rabdomantes, se puede decir que fue una época plagada de referencia de buscadores a través del péndulo o de vara. Aparte de la Santa inquisición católica, también persiguieron a los rabdomantes los fanáticos y austeros luteranos y calvinistas. En 1518 Lutero en un escrito suyo repudia a la rabdomancia y alegaba que estos practicantes lograban éxitos porque pactaban con Satán.

Poco después en 1521, el fraile benedictino Basilio Valentín, describe en una obra suya que todas las horquillas que usaban los buscadores mineros de Sajonia para localizar los yacimientos de minas eran obras del diablo.

En 1546 Jorge Agrícola también repudiaba el uso de la vara de avellano considerándola supersticiosa. Sin embargo, no sentía escrúpulo en describir la anatomía de los duendes que según él vivían en los filones de las minas.

La obra cumbre de Jorge Agrícola sobre las explotaciones minera es "*Re Metallica*". En ella describe con gran detalle la gran modalidad de ramas que usaban los Zahoríes para buscar los diferentes metales. Así usaban la rama de avellano para la búsqueda de plata, la rama de pino para las minas de plomo y de galena, la rama de fresno para localizar el cobre, y por último una lámina alargada de hierro con la que buscaban oro.

Entre los siglos XVI y XVII, dos personas con extraordinarias dotes rabdománticas como fueron Juan de Chatelet, (Barón de Beansoleis) astrólogo y experto en Alquimia, y su esposa Martha de Bertherear, mujer de gran espíritu aventurero. En Alemania, su país natal, movidos los dos por el mismo entusiasmo por la minería, reunieron un gran instrumento con que llevar a cabo descubrimientos para localizar yacimientos en diferentes países de Europa y América, llegando a localizar más de 160 yacimientos entre los dos continentes.

Llegaron a cosechar gran prestigio y a amasar una merecida fortuna, que de nada les sirvió poco después, ya que fueron apresados por orden del gobernador católico de Bretaña que también les confiscó los aparatos con los que trabajaban acusándolos del uso de brujería bajo perscripción de los sacerdotes. Su fortuna de 300.000 escudos pasó a engordar las arcas del ambicioso gobernador, y el matrimonio pereció en las sombrías prisiones de Bastilla y de Vincennes, en los años 1645 él y 1642 ella.

Pese a la gran persecución a que fue sometido el viejo arte de la rabdomancia por la Iglesia en los siglos XVI y XVII, ésta no consiguió destruirla por completo, sino que por el contrario despertó el interés de muchos hombres religiosos y sacerdotes que a escondidas de sus fanáticos superiores, practicaron este arte. A pesar de que en ello arriesgaban mucho, no por eso tuvieron temor alguno ante las terribles consecuencias que pudieran venírseles encima. Uno de estos hombres que llevó interesantes experimentos a cabo para averiguar si la varilla de rabdomancia reaccionaba también fuera de las manos del zahorí, fue el padre Atanasio Kircher en 1631. Célebre jesuita alemán y notable políglota que ya había estudiado sobre el magnetismo animal, en el que consiguió un método para hipnotizar a las aves. Con la varilla puesta en la presencia de metales así como masa de agua, descubrió cómo ésta permanecía estática. Llegó a la conclusión de que era la influencia humana quien hacía que la baqueta se moviera. Lo que para el radiestesista es acertado, contrasta aún hoy en día con la incredulidad de muchos autores que siguen empecinándose en lo contrario.

Y así rápidamente después de este descubrimiento, aparecieron críticos y detractores, como el médico Chistianus Fromman, que años más tarde en 1675 aseguraba que el

Figura, 29.

movimiento de la varilla de avellano en las mano de hombres y delante de los objetos, no era otra cosa que un truco de manos que practicaban bribones y embaucadores.

Pero dejando al margen la polémica de la que aún hoy en día no nos hemos liberado, todo buen radiestesista sabe que con su péndulo en mano puede lograr muchas respuestas acerca de lo que busca y, en especial donde esté ubicado y la profundidad a que se encuentra de la superficie. La localización de los objetos se lleva cuando éste y el radiestesista se hallan en el mismo plano de rayo mental (figura 29). Luego la práctica de cada uno con la que ya se habrá creado su propio código, le hará averiguar la distancia o profundidad a la que se encuentra el objeto. Por lo general una vez localizado éste, el radiestesista establece unas medidas sobre el lugar donde se halla y nuevamente la oscilación del péndulo le marcará la profundidad a que se encuentra. Pero ya hemos dicho que no

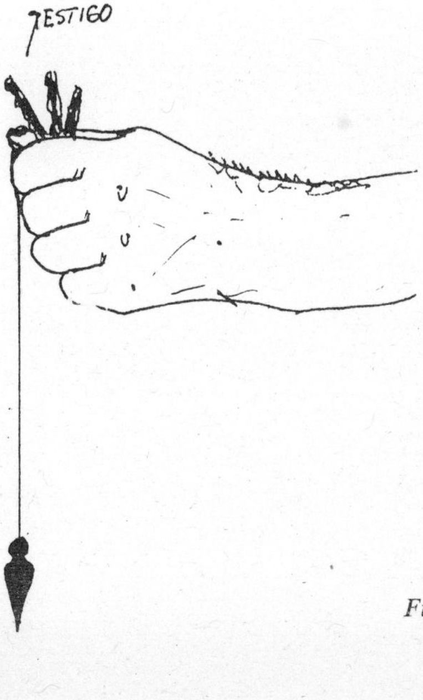

Figura 30

hay un código establecido para el hallazgo de los objetos, ya que mientras algunos radiestesistas trabajan introduciendo un testigo del objeto que buscan en una oquedad en el interior del péndulo, otros por el contrario lo prefieren llevar el testigo en la mano, (figura 30).

Casi al final de la penúltima década del siglo XVII, sobre 1688, otro hecho dejó precedencia en la vieja Europa, en Grenoble la capital del departamento francés de Isère en los Alpes del Delfinado. Los jueces de dicha ciudad, solicitaron la ayuda de un zahorí para descubrir al ladrón de un rico burgués de la ciudad. Este zahorí ya era una de las más prestigiosas figuras en el campo de la radiestesia, y se llamaba Jacques Aymar. Para llevar a cabo su trabajo, pidió que le facilitaran algún objeto o prenda que el malhechor hubiera tocado, y así lo hicieron las autoridades. Con las prendas proporcionadas Aymar localizo y contribuyó a la captura del delincuente.

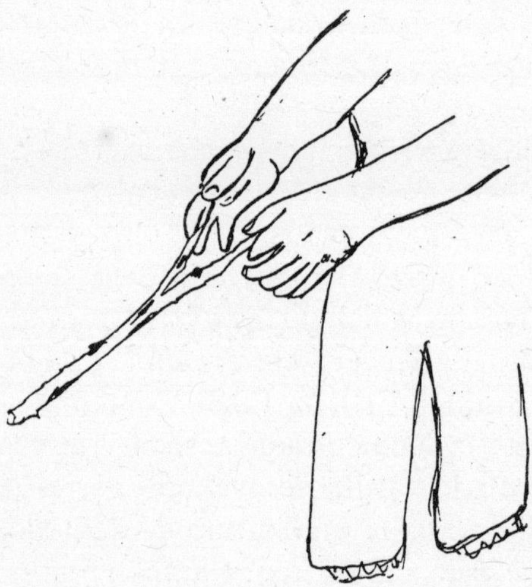

Figura 31

Jacques Aymar llevó el trabajo de la siguiente manera:

En su búsqueda localizó a cuatro presuntos sospechosos. Las autoridades empezaron a perder el ánimo ante los resultados, pero Aymar no se desanimó y pidió que se aislara a los cuatro sospechosos, y solicitó además a los jueces que los colocaran en fila.

Con su varilla rabdomántica en mano (figura 31), pisó el pie del sujeto que estaba encabezando el grupo y tras comprobar que la horquilla no osciló, pasó al segundo. Todos los presentes pudieron ver cómo esta vez la horquilla vibraba intensamente. El sujeto gritó que no era culpable, y Aymar siguió con el tercero sin apreciar ninguna novedad. En el cuarto nuevamente la baqueta volvió a agitarse inclusive con más fuerza que el segundo, quien lleno de confusión y llorando confesó que él cometió el delito ayudado por el segundo sujeto que fue su cómplice.

Desde ese momento la fama de Jacques Aymar traspasó la frontera de su país. Fue usado además por los jueces en más de un caso. Descubrió también el cadáver de una joven violada y asesinada desaparecida, y contribuyó al arresto del asesino. En 1692 localizó también al asesino de un almacenista de vinos.

Un año más tarde, en 1693, apareció un interesante tratado sobre la emanación de efluvios corpolares a partir de los animales y seres inanimados. Este libro se llama *"La física oculta", o "libro de la vara adivinatoria"*. Fue escrito por el abate de Vallemont, profesor de La Sorbona; en su tratado trató de ofrecer su teoría sobre esta materia.

A partir del siglo XVIII, la Edad Contemporánea es cuando eclosionó la técnica radiestesista, fue cuando se empezó a sustituir la varilla de avellano por el péndulo, sin que por supuesto la hayan desplazado del todo. Fue la época en la que destacaron importantes hombres en la materia: en 1781, Barthélem y Bleton; en 1854, siglo XIX, el abate Carrie, cura de Barbaste. El parapsicólogo racionalista Chevreul desarrolla también en 1854 un cuidadoso estudio sobre las mesas giratorias y la varilla adivinatoria. Destaca también por estas fechas el abate Bouly a quien ya citamos anteriormente; Henry de France; Joseph Treive; Mermet; Victor Mertens y Colin Bloy.

EL MUNDO DE LAS RADIACIONES

En la actualidad, la ciencia moderna reconoce estar de acuerdo, en parte, con el vago principio: todo lo que existe vibra y por tanto emite onda. Creencia generalizada entre todas las gentes aunque se enuncie de forma simplista. Quizás sea por eso por lo que la ciencia moderna matice cuidadosamente sus términos.

En especial la moderna mecánica cuántica ya ha arrojado suficiente luz sobre el comportamiento que tienen los corpúsculos infinitesimales que integran la materia.

Hoy ya podemos asegurar que las diminutas partículas que forman los átomos cambian continuamente de lugar, aunque también sabemos que es casi imposible localizar un electrón en un punto cercano al núcleo atómico.

Lo único que podemos decir de él es que podemos medir la probabilidad de que se ecuentra en una nube de puntos que denominamos orbital, y cuando salta de un nivel de energía a otro inferior emite un paquete cuántico que llamamos fotón. Es la primera señal de que un cuerpo radia algo. Un cuerpo cuando se calienta mucho cambia a color rojo naranja y emite luz en forma de corpúsculos que van asociados con una frecuencia. Ésta, podríamos decir que es una de las cuatro fuerzas fundamentales que dejan sentir su influencia en las áreas llamadas *campos de fuerzas*, cuya extensión depende de la masa de las partículas implicadas en ella. Hasta el momento presente la ciencia admite cuatro tipos de interacciones en la materia o, mejor dicho, cuatro fuerzas fundamentales, que son:

Nuclear fuerte
Nuclear débil
Electromagnético
Gravitatorio

Los dos campos nucleares, el débil y el fuerte, lo constituyen partículas que poseen masa, y su radio de acción o campo de fuerza es inversamente proporcional a la masa de las partículas. Es selectiva en su acción ya que sólo actúan sobre partículas que poseen masa y no sobre las que poseen carga solamente, no alcanzando su extensión más allá de las dimensiones atómicas.

Por el contrario cuando las partículas son carentes de masa de interrelación, el alcance es ilimitado, esto es lo que ocurre con la interrelaciones electromagnéticas, que poseen polaridad y no masa. De igual forma es el campo gravitatorio, que tiene su alcance ilimitado, con lo que demuestra que sus partículas carecen de masa, pero como ya hemos mencionado, la partícula fundamental del campo electromagnético ya ha sido localizada en el *fotón*, en cambio la partícula fundamental del campo gravitatorio, el *gravitón*, no ha sido aún localizada.

De estas cuatro fuerzas fundamentales, tan sólo la de gravedad actúa sobre toda la materia, por ser siempre positiva y por lo tanto como ya hemos dicho, su alcance es ilimitado. Por esta acción, el Sol mantiene en órbita a la Tierra, pero la Luna aunque también sujeta a la Tierra por la misma gravedad ejerce otra serie de influencia sobre nosotros, destacando entre todas ellas las mareas.

Pero a pesar de las experiencias que hoy se conocen sobre la fuerza de la gravedad, hemos de reconocer que ésta es increíblemente débil, necesita cantidades desorbitantes de materia como los seis mil millones de billones de toneladas que pesa la tierra, para producir el campo gravitatorio donde vivimos.

Como ya hemos mencionado, al no conocérsele masa a la fuerza gravitatoria, solamente carga positiva, o lo que es igual una sola dirección, es por lo que a nosotros esta fuerza nos parece infinitamente grande.

De ahí nuestra impotencia en dominarla. El campo electromagnético tiene, por el contrario, partículas con cargas de dos signos opuestos, distribuidas de una manera sobre el campo de fuerzas, que se anulan entre sí. Esto no significa que no haya campos electromagnéticos sumamente activos, como, por ejemplo, los rayos cósmicos, sino que es debido al aplastante poder de carga que tiene un signo frente a otro. No obstante la acción electromagnética es fundamental para la vida cn nuestro sistema, ya que mantiene el cquilibrio del átomo, agrupando a estos signos entre sí, formando la molécula, manteniendo y transformando los estados de la materia.

A la Tierra nos llega casi toda la energía electromagnética del Sol y las estrelllas.

De modo continuo estamos recibiendo un incesante bombardeo de energias.

Suerte que la atmósfera y la magnetosfera nos protegen de este ataque continuo rechazando más de la mitad de la energía que nos viene, dejando pasar solamente las radiaciones de luz y microondas; las energías restantes son absorbidas en la atmósfera antes de llegar al suelo.

En el cuadro adjunto puedes ver un conjunto de radiaciones a las que estamos sometidos.

Los rayos cósmicos son la más poderosa de todas las radiaciones, ya que lo constituyen protones que viajan a muy alta velocidad que cuando chocan con las capas exteriores de la atmósfera desintegran las moléculas de aire, y crean así otras partículas de radiaciones tan potentes como ellos mismos, la denominada radiación secundaria, de las cuales algunas llegan a alcanzar el suelo.

Tipo de ondas	Medición en centímetros
Aceleración lineal electrones (Stanford)	$0,067 \times 10^{-13}$
Sincrotón de electrones	4×10^{-13}
Rayos gamma	de 19×10^{-13} a 10^{-9}
Rayos X	de 10^{-9} a 10^{-6}
Luz Ultravioleta	de 10^{-6} a $3,9 \times 10^{-5}$
Límite luz visible	$3,9 \times 10^{-5}$
Color azul de vapor de mercurio	$4,358 \times 10^{-5}$
Color verde de vapor de mercurio	$5,461 \times 10^{-5}$
Color amarillo de vapor de mercurio	$5,770 \times 10^{-5}$
Luz roja del láser de helio-neón	$6,328 \times 10^{-5}$
Límite visibilidad rojo obscuro	$7,600 \times 10^{-5}$
Infrarrojo	de $7,6 \times 10^{-6}$ a 10^{-4}
Radiaciones superficiales del Sol	10^{-4}
MICROONDAS	
rejol atómico de amoníaco	1,5
radar	10
línea del hidrógeno interestelar	21
ONDAS DE RADIO Y TELEVISIÓN	
TV-UHF	$3,7 \times 10$
TV-VHF	de $1,5 \times 10^2$ a $5,5 \times 10^2$
FM	de $2,8 \times 10^2$ a $3,4 \times 10^2$
Banda de radioaficionados HF	de 10^3 a 10^4
Onda media MF	de 2×10^4 a 6×10^4
Audiofrecuencia (radio VLF)	de 10^6 a 10^9

Los rayos cósmicos tienen su origen en las estrellas y en el Sol. Los de las estrellas son los de más dureza y los que viajan a más alta velocidad, por lo tanto los más poderosos. Sin embargo, los del Sol, poseen menos dureza al ser menor la velocidad a la que viajan.

Del Sol también emana otra radiación, como es el llamado *viento solar*, que se produce por las erupciones solares, y consiste en una nube de protones que son apartados casi en su totalidad por la magnetosfera de la Tierra. Los que no son apartados llegan a las capas superiores de la atmósfera, y es cuando se producen las auroras boreales y otros fenómenos semejantes.

En las capas exteriores del Sol se produce una turbulencia aproximadamente cada once años. Entonces se origina una mayor aplicación de la corona solar y a su vez un mayor incremento de torbellinos oscuros que se les llama manchas solares. Igual que ocurre esto, se produce a su vez mayor incremento de campo magnético de Sol, que proporciona a su vez mayor protección para la Tierra, desviando los rayos cósmicos duros recibiendo nosotros menos cantidad de ellos.

Ya sabemos que un cuerpo caliente emite luz en forma de corpúsculos, como dijimos anteriormente, y es a través de estas bandas luminosas como un químico puede distinguir cualquier elemento: el oro, el titanio, el rodio o el uranio, lo mismo que cualquier otra sustancia compleja; la glucosa o el butano, que al calentarse, si entre sus vapores se hace pasar un haz de luz blanca, dejan huella en forma de bandas luminosas y en forma de onda. Es así como los científicos descubrieron que el Sol y las estrellas contienen hielo, hidrógeno, carbono, hierro y más.

De esta forma la ciencia parecía dar la razón a los radiestesistas, al no ser por una objeción: que los minerales que buscan los radiestesistas, si no todos, la mayoría estaban a bajas temperaturas. Un mineral en esta situación apenas si radia energía, y aparte de este primer punto, los minerales al estar cubiertos por la tierra, es la tierra la que se lleva por completo su emisión. De esta forma la barrera no podría ser atravesada ni siquiera por un solo fotón. Pero la telerradiestesia invalida por completo la teoría de que sean ondas electromagnéticas las inductoras de estos fenómenos, con los logros llevados a cabo por ella, ya que localizan los objetos que pretende a enormes distancias.

Tampoco que fueran radiaciones ionizantes, ya que estas emisiones fueron puestas de manifiesto en sus efectos mortales, tras las explosiones atómicas de Hiroshima y Nagasaki, y tan sólo las emiten ciertos átomos, los llamados isótopos, más pesados que el normal ya que contienen mayor número de neutrones.

Aunque los neutrones emitidos y las radiaciones gamma veloces y penetrantes no podrían vencer grandes masas rocosas ni larguísimas distancias, y mucho menos los pesados núcleos alfa ni los débiles electrones.

En física no se conoce otro tipo de onda salvo las gravitatorias, que para que se emitan necesitan gran masa en oscilación, y no se da el caso en una estática mina, ni las errantes corrientes de agua subterráneas, ni las acústicas que nada tienen que ver con la radiestesia.

Con esta escala de oscilaciones, llegamos a la conclusión de que las postulaciones del viejo arte de los radiestesistas, no han sido descubiertas, y puede que no lo sean jamás.

Puede que los rayos cósmicos no tengan mucho que ver con los fenómenos de las Pirámides, pero indudablemente sí lo tienen las turbulencias solares, porque si no es directamente, sus consecuencias en todos los fenómenos electromagnéticos terrestres son tan notables, que percibimos por todas partes el efecto del ciclo solar de once años. El resto del espectro electromagnético tiene una influencia indiscutible sobre los fenómenos vitales.

Otra energía que sí consideramos que quizás sea la más importante por su acción sobre la Pirámide es el magnetismo. El hecho es bien sencillo: el magnetismo no es más que un campo de fuerzas originado por la energía electromagnética en movimiento. Quiere decir que todo campo eléctrico, sea el que sea, genera un campo magnético tan sólo por su movimiento.

En todo campo magnético hay carga de los dos signos, el positivo y el negativo, esto ocurre porque pertenece a las interrelaciones electromagnéticas, los dos signos se concentran en dos puntos opuestos llamados polos y forman unas líneas de flujo energético que circulan primero por el interior del cuerpo magnético desde un polo, el Sur, al otro polo, el Norte, que sale por éste al exterior y vuelve a penetrar por el polo Sur.

Estas dos líneas de flujo son las que componen el campo magnético exterior e interior del cuerpo.

CAMPO MAGNÉTICO

Es la región del espacio en la que existen fuerzas de carácter magnético. Si por un circuito cerrado C, circula una corriente I, se establece en cada punto del espacio un campo magnético cuyo valor es:

$$\mathbf{B} = \frac{\mu_0 \mathbf{I}}{4\pi} \int_C \frac{\mathbf{dl}\,\Delta\mathbf{r}}{\mathbf{r}^3}$$

donde **r** es el vector de posición desde el circuito hasta el punto considerado, **dl** es un elemento de longitud del conductor, **B** es el campo y μ_0 la permeabilidad magnética del vacío.

En el campo de la electrónica, son materiales que ofrecen acusadas propiedades magnéticas (elevados valores de su permeabilidad magnética μ).

Las propiedades magnéticas de una sustancia dependen del momento magnético de sus átomos y de la ordenación de estos momentos.

Las principales características de los materiales magnéticos (ligadas a su ciclo de → histéresis) son: permeabilidad magnética (inicial μ_i y máxima μ_m), inducción magnética (B_s, de saturación y B_r, residual), campo coercitivo, H_c, y temperatura de Curie (punto de Curie). Los materiales magnéticos tienen numerosas aplicaciones en todos los campos de la investigación y de la industria, en las formas y dimensiones más variadas. Así, existen bloques compactos (imanes permanentes), chapas (transformadores y máquinas eléctricas), núcleos (amplificadores magnéticos, reactores, memorias de calculadoras) y cintas (registradores y memorias) (→ Electromagnetismo; Ferrita).

Se distinguen cinco clases de sustancias magnéticas:

Diamagnéticas: sustancias que no tienen momento magnético propio. Al aplicar un campo se producen momentos magnéticos opuestos a él, por lo que la susceptibilidad es negativa (muy pequeña, del orden de -10^{-6}).

Paramagnéticas: sustancias cuyos átomos poseen momento magnético. Al aplicar un campo externo, los dipolos se orientan ligeramente dando una imanación en la dirección del campo.

Ferromagnéticas: la propiedad del ferromagnetismo está ligada a la estructura cristalina de la sustancia. En las ferromagnéticas existe una fuerte ordenación de los dipolos por interacción mutua, dividiéndose el material en zonas llamadas dominios magnéticos, orientados al azar. Al aplicar un campo externo suficientemente intenso, el material queda imanado, y el campo total es la suma del campo exterior más un campo molecular proporcional a la imanación local de la sustancia.

Antiferromagnéticas y ferrimagnéticas: sustancias constituidas por dos clases de iones que forman dos subredes cristalinas distintas, A y B. La interacción de los iones de la subred A con los de la B, da lugar a una ordenación antiparalela de los dipolos, que origina un campo molecular negativo. Las ferrimagnéticas se diferencian de las antiferromagnéticas en que los iones de la subred B poseen un momento magnético menor que los de la A, por lo que tienen una imanación espontánea en ausencia de campo externo.

En la astrología el magnetismo terrestre era conocido desde la Antigüedad; pero hasta el final del siglo XIX no se han conseguido pruebas de la existencia de otros campos magnéticos cósmicos. El conocimiento y la medida de los campos magnéticos puede realizarse mediante:

1.– Medición *in situ* con magnetómetros instalados en satélites artificiales y sondas espaciales.

2.– Análisis del efecto Zeeman, acusado por las rayas espectrales de la radiación electromagnética emitida por el objeto considerado.

3.– Análisis del estado de polarización de la radiación sincrotónica emitida por el objeto celeste considerado.

4.– Análisis de las propiedades birrefringentes del objeto considerado.

5.– Análisis del estado de polarización de la radiación por la zona atravesada por el objeto considerado.

6.– Análisis de las formas presentadas por el objeto considerado.

7.– Interpretación de fenómenos que sólo pueden explicarse admitiendo la existencia de campos magnéticos.

MEDICIÓN IN SITU.

El empleo de sondas espaciales ha permitido ya el análisis *in situ* de campos magnéticos interplanetarios y permitirá el estudios del campo magnético lunar y de los campos magnéticos planetarios e interestelares.

EFECTO ZEEMAN.

Desdoblamiento de las rayas del espectro, que aparece cuando el foco emisor se halla bajo la influencia de un campo magnético. El número de las nuevas rayas Zeeman, sus distancias mutuas (función de la intensidad del campo magnético) y su estado de polarización pueden preverse teóricamente. Por tanto, es evidente que del análisis de la separación y del estado de polarización de las diversas rayas Zeeman sea posible reducir la existencia e intensidad de un campo magnético.

Con las técnicas espectrográficas normales, es posible captar campos magnéticos de intensidad mínima a 50 oersted. Para campos magnéticos más débiles, hasta algunos décimos de oersted, H. W. Badcock y H. D. Babcock han introducido una nueva técnica fotoeléctrica.

Por medio del análisis espectrográfico de las rayas Zeeman en las manchas solares, G. E. Hale descubrió en 1908 los intensos campos magnéticos presentes en estos fenómenos. G. E. Hale, y posteriormente otros astrofísicos, intentaron demostrar, siempre por medio del análisis espectrográfrico de las rayas Zeeman, la existencia de un campo magnético general del Sol, obteniendo resultados poco satisfactorios e incluso contradictorios. En 1952, los Babcock, empleando la nueva técnica fotoeléctrica introducida por ellos, consiguieron determinaciones sistemáticas de la intensidad del campo magnético general (c.m.g.) del Sol, primero en Pasadena y, a partir de mayo de 1957, en Monte Wilson, California. Desde 1952, hasta el final de 1956 la intensidad del c.m.g. del Sol, que parecía estar limitada a latitudes superiores en valor absoluto a los 55º, era aproximadamente de un oersted. Por ello se comprende que las anteriores mediciones, efectuadas con técnicas espectrográficas, no hubiesen alcanzado resultados aceptables. El c.m.g. del Sol era opuesto al campo magnético terrestre: la polaridad del hemisferio Norte era positiva y la del hemisferio Sur negativa. En 1958 H. D. Babcock y W. C. Livingston anunciaron a la Academia Nacional de Ciencias de EE.UU. haber advertido claras variaciones en el c.m.g. del Sol: en junio de 1957 la intensidad del c.m.g. había disminuido irregularmente e invertido su propia polaridad en el casquete Sur; en noviembre de 1958 también se invirtió la polaridad del c.m.g. del Sol en el casquete Norte. Interesa observar que la inversión en cada hemisferio ha ocurrido al mimo tiempo que en aquel hemisferio alcanzaba la fase de máxima actividad del ciclo de las manchas y de los flóculos. Actualmente los físicos solares están bastante de acuerdo en que la inversión del campo magnético general del Sol tiene lugar en cada ciclo solar.

La posibilidad de conocer los campos magnéticos estelares mediante el análisis espectrográfico de las rayas Zeeman de las rayas espectrales ya fue tratada por G. E. Hale en 1915 y por M. Minnaert en 1937. Pero el primer campo magnético estelar no fue revelado hasta 1946 por H. W. Babcock, en la estrella 78 Virginis, aunque antes W. H. Wright y P. W. Merril ya habían realizado diversas tentativas. Desde 1946 Babcock ha descubierto casi un centenar de estrellas magnéticas. En el catálogo de Babcock, publicado en 1958, figuran los resultados de quince años de investigaciones. Ninguno de los campos magnéticos hallados es constante. En muchos casos cambia directamente de polaridad. Es interesante saber que, en alguna estrella, la intensidad del campo magnético resulta superior a la intensidad máxima hallada en las manchas solares.

En fin, análisis radioastronómicos muy recientes de las rayas Zeeman de la raya de hidrógeno de 21 cm, ya habían permitido obtener información sobre los campos magnéticos interestelares.

POLARIZACIÓN DE LA RADIACIÓN SINCROTÓNICA

Cuando los electrones penetran en un campo magnético H, si su velocidad inicial es perpendicular al campo, describen trayectorias circulares en planos normales a la velocidad. La frecuencia de rotación V_H de los electrones dada por la fórmula:

$$V_H = \frac{e \cdot B}{2\pi m}$$

donde B es la inducción magnética; e, la carga del electrón; y m su masa. El electrón está sometido a una aceleración centrípeta:

$$a = \frac{eBv}{m}$$

donde v es la velocidad del electrón y, por tanto, emite bajo la forma de ondas de radio una potencia proporcional al cuadrado de esta aceleración. La emisión se produce con una frecuencia única, que es la del movimiento de rotación.

Cuando las velocidades de los electrones son del mismo orden de magnitud que la de la luz, intervienen efectos relativísticos. La radiación emitida por el electrón se llama, en este caso, radiación sincrotónica, por haberse observado por primera vez en el gran acelerador sincrotón de la *General Electric Company*, en EE.UU. en 1946. El haz de partículas aceleradas emite una luz azulada que constituye una extensión, hacia las longitudes de onda visibles, de las radiaciones emitidas por electrones relativistas frenados por el campo magnético. En 1949, Schwinger logró reducir las propiedades de las radiaciones de los electrones relativísticos que giran en un campo magnético. La emisión ya no se produce en una sola frecuencia, sino en una banda de frecuencias, cuyo máximo se encuentra en la frecuencia:

$$V_{MAX} = 1{,}6 \cdot 10^{-5} \cdot B \cdot E^{-2}$$

donde B es la inducción magnética expresada en Gauss y E la energía de los electrones en electronvoltios. La emisión se produce exclusivamente dentro de un cono cuyo eje coincide con el vector velocidad y cuya amplitud es inversamente proporcional al cuadrado de la energía del electrón. La radiación sincrotónica está polarizada linealmente: el plano de las vibraciones de la radioonda es paralelo al de la trayectoria.

Muchas de las radioemisiones cósmicas se interpretan actualmente como radiaciones sincrotónicas. Una nueva prueba de esta interpretación debería consistir en el análisis del estado de polarización de las radiaciones. Pero este análisis no da siempre buenos resultados, pues al atravesar medios ionizados el plano de polarización gira y la polarización puede desaparecer. No obstante, se conocen casos en los que es posible confirmar el mecanismo de emisión y deducir información sobre el campo magnético que determinaba la emisión sincrotónica.

PROPIEDADES BIRREFRINGENTES

Una onda electromagnética se puede propagar en un plasma de densidad electrónica Ne, con tal que su frecuencia ω satisfaga la relación.

$$\omega = \frac{a\pi Ne^2}{m}$$

Para frecuencias menores la onda se hace evanescente.

Si la propagación ocurre en presencia del campo magnético, el plasma se comporta como un cuerpo birrefringente. Observando la radiación longitudinalmente, se percibe un rayo ordinario y otro extraordinario, ambos polarizados circularmente, pero en sentidos opuestos; observándola, por el contrario, trasversalmente, se siguen percibiendo los dos rayos, ordinario y extraordinario, polarizados circularmente, además de un tercer, el que existía en ausencia del campo magnético; este tercer rayo está polarizado linealmente en la dirección del campo magnético.

Analizando las propiedades birrefringentes de la radiación emitida por la corona solar, se puede deducir información acerca de los campos magnéticos locales del Sol a diversas alturas.

POLARIZACIÓN INTERESTELAR

En 1949 las observaciones realizadas por Hiltner en el Observatorio Yerkes y por Hall y Mikesell en el Observatior Naval de EE.UU. descubrieron que la radiación procedente de las estrellas alejadas de la Galaxia presenta cierta tendencia a ser polarizada sobre el plano de ésta. También se puso de manifiesto que la radiación se polarizaba tanto más cuanto mayor era su exceso de color, esto es, el enrojecimiento experimentado al atravesar el espacio interestelar. Ya que el enrojecimiento de la radiación de una estrella se debe a la difusión preferente de las longitudes de onda pequeñas por parte de la materia interestelar, es evidente que las estrellas aparecerán tanto más enrojecidas cuanto más alejadas estén. De ello se deduce también que la radiación de una estrella resulta tanto más polarizada cuanto más alejada se encuentra.

Este hecho se ha atribuido a una absorción diferencial, para diversas direcciones de polarización, por parte de la materia interestelar. Esta absorción diferencial deben producirla los granos de materia interestelar no esféricos orientados por un campo magnético. Se comprende, pues, que del análisis del estado de polarización de la radiación que atraviesa la materia interestelar sea posible deducir información sobre el campo magnético interestelar.

Hasta ahora se han observado varios millares de estrellas y se han trazado directamente mapas de campos magnéticos interestelares.

FORMAS PECULIARES

El estudio de las formas peculiares de objetos cósmicos ha sido el primer método que ha permitido comprobar la existencia de campos magnéticos cósmicos.

En la proximidad de las épocas de mínima actividad solar, cuando las isofotas de la corona muestran una acentuada electricidad, en las fotografías de la corona interna obtenidas con suficiente poder de resolución es posible observar otros filamentos, llamados rayos polares, localizados en las cercanías de los polos heliográficos (intersecciones de la superficie solar con el eje de rotación del Sol). La denominación de rayos polares es impropia pues en general estos rayos son curvos y recuerdan las líneas de fuerza de una esfera uniformemente magnetizada, la cual, a efectos de un campo magnético adecuado, es equivalente a un diplo de momento magnético VI, donde V es el volumen de la esfera e I el vector intensidad de polarización magnética.

La analogía entre los rayos polares y las líneas de fuerza de una esfera uniformemente magnetizada indujo a algunos astrofísicos a suponer que el Sol poseía un campo magnético general. Actualmente, en especial después de los trabajos de H. C. van de Hulst, G. Abetti, K. Saito, H.

Schimooda y G. Fodoli, los astrofísicos no sólo están convencidos de que acerca de las épocas de actividad mínima solar existe un campo magnético general del Sol, que determina y condiciona aquellas estructuras, sino que además el análisis de las citadas estructuras aporta información relativa a la intensidad y evolución del campo magnético general del Sol. El hecho de que cerca de las épocas de máxima actividad no se observen los rayos polares, se explica suponiendo que el campo magnético general del Sol es, durante estos períodos, superado por numerosos campos magnéticos locales mucho más intensos, o bien, que en cada ciclo se produce la anulación y sucesiva inversión del campo magnético general del Sol observadas en el último ciclo de actividad.

El análisis de formas peculiares también ha permitido recoger datos sobre los campos magnéticos de las nebulosas anulares.

FENÓMENOS DIVERSOS

Se puede deducir información sobre campos magnéticos cósmicos indirectamente, mediante la interpretación de diversos fenómenos que se explican tan sólo admitiendo la existencia de campos magnéticos.

En este método de estudio, los resultados siempre deben confirmarse con los contenidos por otros procedimientos. Consideraciones sobre ciertas propiedades de los rayos cósmicos inducen a suponer que en el espacio interestelar existe un campo magnético. Estas consideraciones están avaladas por el hecho de que la intensidad del campo magnético está de acuerdo con la obtenida por otros métodos.

En la tierra los polos magnéticos no coinciden con los geográficos, se desplazan de lugar, lo que origina ciertos problemas, ya que en la actualidad el polo norte magnético (que es en realidad el sur) se separa del norte geográfico alrededor de 1.900 kilómetros. Por este desplazamiento de los polos geográfico y magnético, los piramidólogos no coinciden, o no están de acuerdo en la forma de orientar la Pirámide experimental, aunque en España el problema es insignificante, porque insignificante también es el ángulo de desplazamiento que nosotros tenemos. Pero en otras regiones de la Tierra es más grave, ya que la diferencia angular es mayor.

El campo de fuerza exterior es la magnetosfera y el interior es un campo sumamente complejo y sometido a diversas perturbaciones, de origen muy variado, en donde lo que más destaca es la acción del Sol, seguido de la Luna y las corrientes eléctricas que circulan por las capas superior de la atmófera. Estos factores combinados producen variaciones cíclicas, continuas y lentas del campo magnético terrestre, que son susceptibles de medición.

El hecho objetivo de que un péndulo o baqueta reaccione ante la existencia de un objeto oculto, algunos estudiosos del tema sostienen la teoría que se debe a las emisiones radiónicas que éste desprende.

La forma de captación de estas emisiones era que el zahorí debía recorrer enormes áreas rurales con su horquilla o baqueta de avellano en manos. Y de repente en un punto determinado del terreno, éste se detiene observando que la flexible varilla se curva, seguro de que sus manos no movían la varilla, y veía cómo las dos ramas convergentes describían un arco en el espacio.

Es así como surgió la polémica entre fisicistas y mentalistas, dando dos interpretaciones, creándose con los años dos escuelas en las que no se está de acuerdo en muchos planteamientos.

Los fisicistas difunden la idea de que la baqueta o el péndulo tenía el papel de antena receptora de algún campo misterioso que generaba el objeto oculto, postulando además que actuaba como detector o traductor de los efluvios que éste provocaba. Estos efluvios provocaba a su vez en la baqueta solicitaciones mecánicas forzándola a oscilar. En su opinión sostienen que las fuerzas telúricas son generadas posiblemente por corrientes eléctricas de origen geológico.

En parte tiene razón, porque sí es cierto que existen corrientes eléctricas subterráneas que se producen por efecto piezoeléctrico, o sea, que muchos minerales presentan polaridad eléctrica siempre que se flexan o comprimen y también de efluvios corpusculares que son semejantes a las radiaciones ionizantes.

Los físicos han intentado buscar un campo unificado dentro del cual las cuatro clases de interrelaciones entre partículas se pueda reducir en una sola. Para llegar a este término, ha sido preciso tener en cuenta la creación de nuevas partículas hipotéticas para poder resolver un problema trascendental: la simetría. Un eje de simetría se denomina polar si en su dirección se presenta por partes opuestas terminado de modo no equivalente. La condición necesaria para que exista un eje polar es que dicho eje no esté asociado con el centro de simetría. Aunque dicha condición no es suficiente ya que lo que existe normalmente en un plano de simetría o, al menos, un eje de simetría de orden par, no son ejes polares, es decir, la esfera es la figura geométrica perfecta, cosa cierta en física, porque la esfera hueca es la única figura que no ejerce ninguna fuerza de tipo gravitatorio sobre las masas que se introducen en ella.

El punto de vista de la física nuclear es que existen dos tipos de simetría Global y Local.

La simetría global es aquella que en cualquier transformación que ocurra es aplicada uniformemente a todos los puntos del espacio. En la simetría local, se transforma independientemente cada punto los unos de los otros.

O sea, si giramos la esfera hueca –la que damos como figura perfecta–, sobre un eje polar, todos sus puntos darán una rotación en el mismo ángulo y la esfera seguirá conservando su forma. De esta forma producimos una simetría global.

Si por el contrario, en la misma esfera movemos cada punto por separado, llevando o atrayendo cada punto a posiciones diferentes en la superficie, aunque conservando su distancia del centro fijo, la forma de la esfera se sigue manteniendo, pero la operación que hemos hecho es una operación de simetría, ya que cada punto se ha transformado independiente uno de otro, y entonces es una simetría local.

Aunque en la simetría local hay un cambio de importancia a tener en cuenta: cuando se mueven los puntos independientemente los unos de los otros, la membrana del globo se estira por lo que da origen al desarrollo de fuerzas elásticas entre los puntos.

La teoría de Maxwell de electromagnetismo, y la teoría general de la relatividad se basan en estas simetrías locales. Así es que toda teoría que quiera unificar las cuatro fuerzas, tiene que tener simetría global y local.

En la supersimetría, la física engloba a las dos simetrías global y local, con ella pretende superar dificultades, con ella y con la creación de un nuevo concepto creado de supergravedad y con la teoría de que existe una nueva partícula que se le llamaría gravitino. Otros prefieren no comprometerse tanto en torno a un campo en el que aún la física no se pone de manifiesto, y simplemente hablan de ondas, ya que según la física ningún fenómeno se propaga a una velocidad mayor de 300.000 kilómetros por segundo, ni tan siquiera en sentido inverso de tiempo.

Es aquí en este punto donde los que tratan el tema no se ponen de acuerdo y surge una gran disparidad de definiciones.

Se habla de ondas negativas y positivas; ondas portadoras que son ayudadas por otras frecuencias secundarias. También de rayo fundamental, en referencia o la dirección que toman dichas ondas telúricas, en su eje principal con respecto al plano meridiano.

Norte-Sur. El rayo mental lo trazaría el radiestesista definiéndolo por el plano situado donde está el objeto que busca y él sobre el suelo.

Ahora bien, aunque la existencia de los fenómenos paranormales que se han producido con las Pirámides, es en lo que los mentalistas basan su tesis radicalmente opuesta, manteniéndola mucho más cerca de los puntos de vista de la parapsicología clásica sostienen que el radiestesista es un sensitivo clarividente, y que el péndulo o varilla con la que trabaja se mueve por acción directa de las ondas hipóteticas. Según los mentalistas, el cerebro del radiestesista recibe información a través del canal Psi, y rápidamente somatiza los datos que percibe extrasensorialmente a través de impulsos nerviosos que afectan a los músculos de las manos, que mediante un movimiento imperceptible, que ni tan siquiera el mismo dotado lo percibe, hace oscilar el péndulo o hace una ligera torsión en la varilla que porta entre sus manos y provoca la flexión del vértice de la baqueta. Esto implica la existencia de otro campo de fuerzas, paralelo e independiente del que reconoce la física, pero que actúa sobre el mismo fenómeno y que está afectado por él.

Dadas la interrelaciones que han comprobado entre este nuevo campo y el campo tradicional de la física, es forzoso también aceptar que se debe buscar un nuevo campo unificado en donde englobar y aplicar ambos campos y así comprende la naturaleza de la Energía Universal.

El mejor argumento de la escuela mentalista y de la parapsicología es el de la telerradiestesia. La física no acierta a explicar cómo es posible que la intensidad del campo logre mantener un mínimo nivel de excitación si no está impregnado por efluvios, y ser así capaz de activar al péndulo para que oscile.

Los mentalistas lo tienen claro, para ellos, la estructura de instrumentos no es de importancia, ya que sea cual sea el péndulo que se construya; un hilo de algodón de donde prende una alianza de oro, o una pesa de plomo pueden dar los mismos resultados en las manos de un buen dotado. En cambio en las manos de quien no posee dotes, ningún buen o sofisticado aparato le servirá para nada.

Lógicamente para conocer la energía parafísica, el primer paso que hay que dar, consiste en estudiar bien qué características lo componen y qué interrelaciones se pueden producir entre los dos campos, el físico y el parafísico.

Nada de esto que decimos es nuevo, lo que pretendemos con ello es aclarar las ideas de todas las antiguas filosofías, lo mismo que de algunas ciencias paralelas, para con ello buscar una presentación y enfoque más acorde con lo que hoy todos conocemos, para así buscar, si es posible, un sistema más aceptable y adentrarnos en el estudio de la ciencia ya que en la tercera escuela, la considerada más cercana a las bases racionalistas de las ciencias positivas. La psicoestesista, cuya equivalencia es: *psique* = mente, *aisthesis* = sensación; en ella se reduce todo el problema a la hiperestesia; y así el rabdomante cuando actúa buscando agua subterránea o yacimientos de minerales, captaría subliminalmente débiles indicios quizás de carácter voltaico o geológico, según sea el hallazgo. De la forma que estén distribuidas ciertas floras lo mismo que la naturaleza de formaciones rocosas, al igual que la configuración del terreno puede constituir pistas que el cerebro de una persona hipersensitiva podría llegar a interpretar. En esta escuela nada tienen que ver los *imputs* informativos del zahorí con los de un telerradiestesista, auque los dos usen el péndulo como forma de exteriorizar fisiológicamente sus elaboraciones mentales.

Ya hemos apuntado que la baqueta es el instrumento más antiguo que usaban los rabdomantes, hoy en día nadie aconseja su uso a quien se inicie en este antiguo arte, ya que éste es el detector menos sensible a las microcontracciones musculares. Antiguamente para la prospección de agua se obtenía eligiendo una rama de avellano en forma de Y entre 7 y 11 centímetros que forman un angulo de 35 a 50 grados.

Actualmente en el mercado hay gran variedad de detectores, aunque el que más se aconseja hoy en día es una buena horquilla de ballena (no cachalote), que es suficientemente flexible.

LAS CARACTERÍSTICAS DEL PÉNDULO

En el mercado también hay distintos tipos del péndulo que todos cumplen a la perfección su cometido pese a que la escuela fisicista haga gran énfasis sobre la forma y el material con que se deben elaborar. Entre todos los modelos que hay, uno de los que casi todo el mundo elige, es el llamado sensor Mermet, construido en plata en forma cilíndrica finalizando en ojiva o cono, y hueco, con tapa de rosca que se une a la cadena, con espacio en su interior donde se coloca una porción equis de sustancia que se desea localizarán: testigo áurico. Para muchos radiestesistas la muestra, sustancia o testigo aúrico es de suma importancia como ya mencionamos anteriormente, tanta que muchos si no tienen otros medios llevan el testigo en la mano o en algún recipiente apropiado. Cuando tratan de localizar a personas desaparecidas suelen llevar consigo algún objeto o fragmento de ropa de la persona en cuestión, aunque para otros muchos autores esto carece de importancia.

Ya hemos mencionado que no existe una técnica universal en la forma de usar el péndulo o varilla, por eso te aconsejamos si te inicias en este arte, que no te desesperes en buscarla. En investigaciones recientes se ha demostrado que no tiene importancia ninguna, cualquier codificación de postura, de movimiento ni método, cuando finalmente se localiza un objetivo. Cada persona operando sentirá sus reacciones particulares ante el detector, todo en función de su propio esquema mental; o mejor dicho, en el convencimiento que tenga de sí mismo.

Los radiestesistas profesionales sostienen algunos que cuando el péndulo oscila, es ante la presencia de minerales. Pero sabido es que existen complicadas leyes en torno a la trayectoria de los giros por diferentes autores, por lo tanto se puede considerar que son completamente arbitrarios.

Lo mismo que para el cálculo de profundidad en que se encuentra el hallazgo, cada zahorí utiliza su método personal por extraño que parezca. Algunos sostienen que cada vuelta del péndulo sobre el objeto es un metro de profundidad para lo que una vez localizado el objetivo planta una estaca sobre éste y se alejan del despacio hasta el punto en que el péndulo comienza a rotar. La distancia que hay entre la estaca y el péndulo es la profundidad que busca. Otros por el contrario hasta prescinden del péndulo o baqueta porque lo tienen más claro.

Al principio del siglo XX, la física teórica sintió interés en investigar las extrañas cualidades de los radiestesistas, por lo que algunos expertos, sin que aún se conociera bien la naturaleza de los campos de radiación, se sintieron motivados por llevar a cabo dicho experimento. El pensamiento común, por lógica, era que algunas zonas del espectro radioeléctrico pudiera explicar tal fenómeno, sin que avanzaran en nada ya que para ellos el fenómeno sobrepasaba a la lógica.

Quien se inició acerca de tan sorprendente arte fue Emile Christophe, realizando varios estudios, sin resultados extraordinarios, aparentemente. No encontraba la forma de definir las coordenadas según él. No siempre aparece definida la frontera entre telerradiestesia y radiestesia: la telerradiestesia usa la misma técnica sensitiva que la radiestesia, salvo sustituyendo el terreno real por una carta geográfica o plano, e igualmente consigue los mismos resultados que la radiestesia.

Sin embargo, los autores especializados siguen manteniendo la presencia de efluvios y ondas, para ellos es ésta la explicación coherente con relación a los esquemas de la vieja radiestesia. En este caso, ni tan siquiera la arcaica teoría de la impregnación es válida, ya que resulta difícil imaginar que un croquis, un diagrama o un mapa impreso, que dibuje un radiestesista quede impregnado por radiaciones. Como es lógico con esta cuestión sólo nos queda pensar en dos alternativas: que la telarradiestesia es mentira y su éxito una ilusión, o tal vez una suerte, o puede que en su mecanismo más íntimo jueguen factores de caracter extrasensorial que nada tienen que ver con el modelo de transferencia corpuscular o radiante.

El hecho de que un explorador se disponga a localizar con el péndulo a alguien o a algo sobre un mapa o un croquis del lugar que puede que se encuentre en otro continente, con el solo uso de su propia técnica para detectar el objetivo, demuestra que no existe ninguna acción directa sobre el péndulo. Sólo el cerebro del preceptor dinamiza su propia mano.

Es el propio telerradiestesista quien establece consigo mismo cuáles serán las pautas de comportamiento de su péndulo.

Esto lo único que demuestra, como muchos autores opinan, que el mapa lo mismo que la fotografía de persona desaparecida, o la ropa esangrentada de una víctima sirve al sensitivo como estímulo evocador despertando o disparando su mecanismo inconsciente de percepción clarividente.

En algunos psíquicos con péndulo se desarrollan unas facultades de carácter heteroscópico (observación para normal clarividente de otros organísmos).

Hay quienes sólo se limitan a cerrar los ojos y palpar la fotografía del enfermo. Muchos de los radiestesistas que practican diagnósticos lo hacen de la siguiente manera: suelen tocar con sus dedos diversos puntos del tegumento del paciente a la vez que sostienen con la otra mano el péndulo. También hay quienes utilizan simultáneamente gráficos anatómicos con la mano del enfermo a unos centímetros de la suya, mano ésta que sostiene el péndulo a la vez que repasa con el dedo las formaciones orgánicas dibujadas en el esquema.

Los diagnósticos que se obtienen podría decirse que no son de fiar, aunque pueda darse casos de sanación. El radiestesista se limita a fijar una zona corporal indicando que allí existe un núcleo enfermo. También hay traladistas que disponen de complejas tablas de diversos cuadros clínicos codificados a través de números y letras, dedicándose con el péndulo a explorarlo uno a uno; este método tiene mucho porcentaje de errores, por lo que es aconsejable que los consultantes se muestren cautos ante los resultados de los diagnósticos.

LA RADIÓNICA MAGIA PRÁCTICA MODERNA

Los efluvios biológicos y el magnetismo animal puede decirse que sea tan antiguo como la propia humanidad, aunque el interés por este fenómeno se haya despertado no muchas decadas atrás, para emplearlo en otras materias que no fueran lo habitual que algunos parajes de la historia nos cuenta. Ya en las primeras décadas del siglo XVIII, nació el médico austríaco Fraz Anton Mesmer, quien años más tarde a muy corta edad por ser un chico muy estudioso obtuvo su título de medicina, y casóse con una paciente suya adinerada que le doblaba la edad, Marie Anna Posch. Introdujo un sistema propio de curación de las enfermedades, después de que entablara amistad con el padre jesuita Maximiliano Hell, quien era astrónomo de la emperatriz, que tenía su propio método de curar a algunos pacientes enfermos, logrando curar dolores por medio de un imán sobrepasándolo por las zonas donde se erradicaba el dolor. Es el caso de una de sus pacientes, Fäulein Osterlin, que sufría convulsiones, vómitos, dolores de oídos, alucinaciones y lipotimias, que al colocarle una barra de acero magnetizado, al instante se le pasaban los dolores.

Para Mesmer esto supuso un gran asombro. Así que solicitó del Padre Hell que le facilitara varias piezas de imanes con las que poder investigar. De esa forma introdujo un sistema propio de curación de las enfermedades a base de métodos que él consideraba magnéticos, y que en realidad eran sugestivos. Fue así como elaboró su teoría del magnetismo animal, basada en la hipótesis de que cada organismo poseía un fluido magnético que podía ser transmitido a los demás. El médico austriaco estaba entusiasmado con su trabajo. Comprobó cómo el fluido magnético revivificaba los tejidos de los enfermos. Pero no fue solamente Mesmer quien hablaba del fluido magnético animal, porque dos siglos antes lo hizo el célebre médico y alquimista suizo Plilippus Aureolus Theophrastu, llamado *Paracelso* , que nació en 1493 y falleció en 1541.

En 1529 aseguraba que toda persona estaba impregnada de un fluido que emanaba de los planetas y las estrellas, y que el fluido de un individuo sano atraía el de otro enfermo y a la inversa. Desde su cátedra de la universidad de

Basilea, Paracelso combatía la medicina clásica, que llegó a quemar públicamente y explicó sus lecciones en lenguaje vulgar. Sus éxitos en la práctica médica y su elocuencia le proporcionaron gran fama que los profesionales de la época intentaron oscurecer por sus teorías mágicas. Su obra como su vida es oscura. Entre sus libros, que fueron muchos, se adivina un sistema no bien definido ni estructurado e incluso contradictorio. Pero aún llegó más lejos que él Rober Fudd, quien años más tarde aseguraba que era la estrella Polar la generadora de esta energía fluídica. Dentro del marco de conocimientos de su tiempo Paracelso era lógico. Él veía cómo los enfermos contagiaban a las personas sanas pero desconocían la existencia de los gérmenes patógenos. De todos modos, expuso gran cantidad de conceptos interesantes de fisiología, patología y terapéutica humana para los enfermos de la época. Época de gran confusión, en la que cualquier idea romántica acerca de la naturaleza se acogía con respeto por la sociedad y precaución ante el temor a la interpretación que ésta tuviera por la Inquisición católica.

Pero para no extendernos más allá de los tiempos sobre los efluvios biológicos y magnetismo animal, volvamos a situarnos en el siglo XVIII con Mesmer, quien en otra ocasión auxilió a un campesino de una herida muy aparatosa de donde manaba gran cantidad de sangre. En ese momento Mesmer no disponía de ningún imán a mano.

Sus palabras para calmar al herido fueron que sus manos lograrían sanarle. Más cuál no sería su sorpresa que al acercarlas a la herida, se produjo una contención del derrame y se cortó la sangre. Tan sorprendido como el herido quedó Mesmer, viendo que cuando la separaba de la herida la sangre volvía a surgir a borbotones, y si las acercaba nuevamente se detenía la hemorragia.

Las investigaciones de Mesmer sobre fluidos magnéticos fueron más allá de lo aquí mencionado llevado por un entusiamo delirante transfería con éxito el fluido magnético a infinidades de objetos y personas consiguiendo excelentes resultados, por lo que actualmente las tesis fisicistas de la telerradiestesia asigna naturaleza a las diversas sustancias, objetos y seres vivientes. Es lo que se ha dado en llamar la herencia de las teorías mesmerianas. Sin embargo, los postulados de algunos parapsicólogos, en lo referente a los fluidos humanos (bioplasma), que se puso de manifiesto mediante la cámara Kirlian, unos de los aparatos detectores de efluvios, aura, campos telúricos, el resurgimiento de doctrinas ocultistas y espiritistas acerca de cuerpo astral, el aura y el periespíritu, han desviado este campo hacia la actividad de técnicos en electrónica que tratan de diseñar a toda costa dispositivos que pongan de manifiesto qué capacidad y virtudes pudieran poseer las misteriosas radiaciones, aunque como ya hemos mencionado aún no se conoce ningún traductor que detecte otro campo de ondas que los que conocemos (electromagnético, gravitatorio e interacciones atómicas). Hoy la ciencia no da apoyo a las afirmaciones de que existen otras emisiones radiantes, pero nadie niega que más adelante en un futuro se pueda detectar y medir sus constantes con fiabilidad.

Sin embargo, en el mundo de la parapsicología y ocultismo, mediante aparatos creados por ellos, más ingeniosos que eficaces, ya postulan sobre su existencia y registro sin temor a la opinión de las ciencias físicas. Pese a todo hay un nutrido grupo de parapsicólogos que aún rechaza este escepticismo racionalista considerando que sólo son dos los campos que abarcan la radiónica:

- Técnicas detectoras de radiaciones.
- Aplicación directa de efluvios y emisiones radiónicas.

Entre los diversos aparatos diseñados para aprovechar las influencias cósmicas y radiónicas, cabe destacar el radar *Cosmotron*, que fue ideado por el francés J. Rousous, aparato que consta de una caja de madera con base de vidrio, sobre el que se colocan dos imanes abarcando la fotografía de lo que se quiere sintonizar. Las manos del operador se sitúan aproximadamente a unos ocho centímetros por encima de la foto con las palmas hacia abajo (figura 32), de esta forma el operador consigue los resultados que desea.

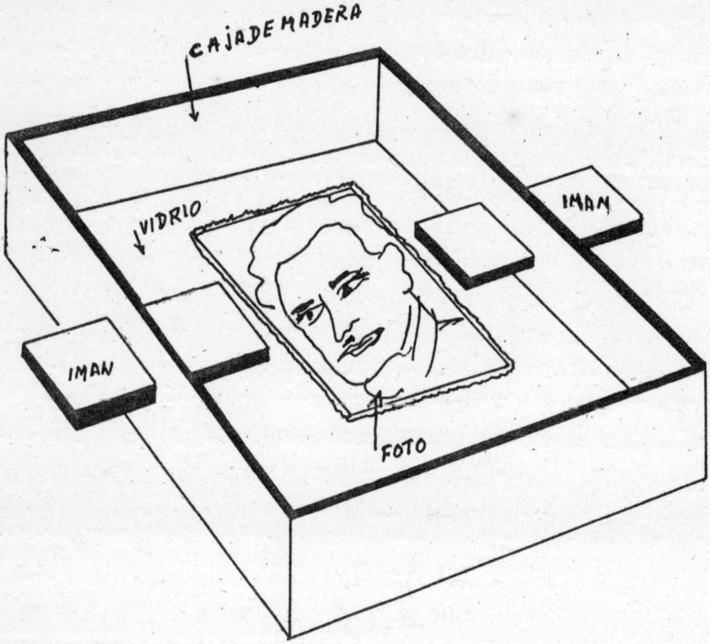

Figura 32.

De las experiencias llevadas a cabo para materializar pensamientos usando la forma piramidal como incubador, cabe destacar la del ESP Laboratory, de Los Ángeles. En dicho laboratorio, como es sabido, se partía del supuesto de que la forma de la Pirámide sirve de amplificador geométrico que incrementa el poder de la oración reforzando la devoción del peticionario, para lo que necesita disponer de una pequeña Pirámide una hoja triangular de papel del color que guarde armonía con la petición, que bien puede ser:

1. Azul para las peticiones de curación.
2. Verde para los asuntos amorosos.
3. Naranja para lograr claridad mental.
4. Amarillo para desarrollar la intención.

También se debe disponer de un recipiente donde arrojar las cenizas una vez acabado el proceso.

Cuando te dispongas a hacer la petición, tienes que hacerla de forma sencilla y concreta usando el menor número de palabras posibles.

No lleves ninguna petición con las ideas confusas, aclara tu mente y sólo así lograrás el éxito. Una vez encontrándote en condiciones escribe en tu triángulo de papel del color de la petición, tu deseo, y sosténlo entre las palmas de tus manos unidas y recita dos veces una oración. Dicha oración la puedes adquirir si quieres en las tiendas especializadas, o bien creártela tú mismo. Debe tener sentido con la petición que vas a llevar a cabo, y emplear la máxima devoción y el convencimiento de que escucharán tu deseo.

La organización del Al Manning, director de ESP Laboratory, aconseja que si se puede hacer la petición en grupo, es más efectivo ya que ejercer más fuerza, cuantos más devotos colaboren. Esto no quiere decir que si lo pide uno solo, no sea igualmente efectiva la petición.

Sigue los pasos de las figuras siguientes para realizar la petición.

La figura 33 es tu triángulo de papel donde tienes que escribir la petición al centro y doblar también por la línea de puntos. Te dará el resultado que ves en la siguiente

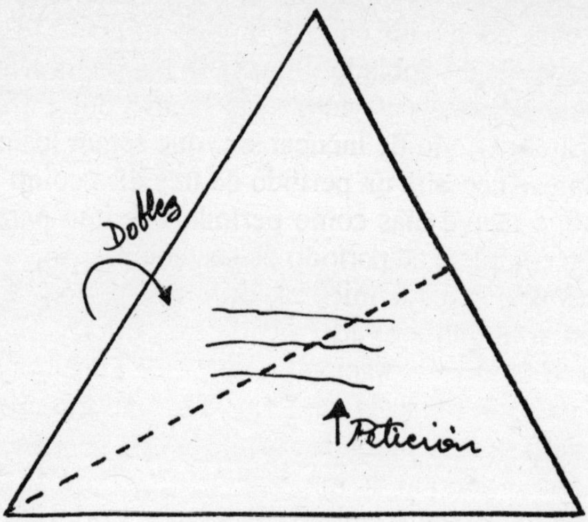

Figura 33

figura 34, donde nuevamente doblarás también por la línea de puntos para obtener el resultado final, figura 35.

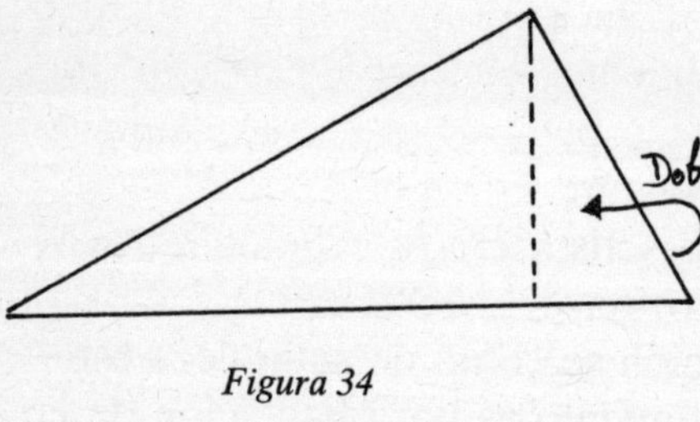

Figura 34

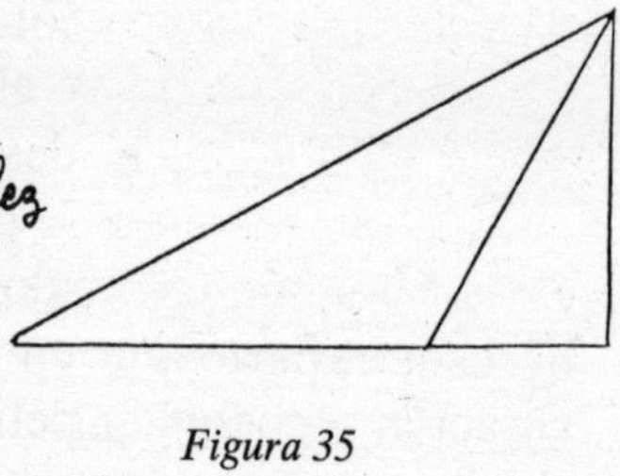

Figura 35

De esta forma lo escrito por ti en tu petición queda oculto dentro del triángulo de tu papel.

Una vez terminada la oración, sitúa el papel en la base de la Pirámide, orientada como siempre sobre el eje norte-sur, y de igual modo la longitud mayor del papel tiene que quedar orientada en el mismo eje. Seguidamente introduce tambien tus manos en la Pirámide situando las palmas encima del papel doblado y nuevamente recita la oración. Una vez terminada y sacada las manos de la Pirámide, empieza el período de incubación, que según los expertos aseguran se necesita un período de tres días como período mínimo, a nueve días como período máximo para que la petición complete su período de gestación.

Es aconsejable que mientras dura este período de gestación, el solicitante ayude al proceso alguna vez al día, recitando la misma oración en voz alta, relajándose, concentrándose mirando la cara Norte de la Pirámide y pensando sólo en la petición hecha.

Pasado el período de incubación, aquél que tu consideres que es suficiente, quita la Pirámide de su base, y saca el papel que tienes que desplegar por completo, y asido por un ángulo con tu mano izquierda, le prendes fuego con una cerilla de palo con la mano derecha sobre el recipiente a ser posible de barro, el cual no se halla usado para ninguna otra cosa y ardido por completo, sin que quede nada del papel, que todo él sea cenizas, has liberado tu petición o pensamiento, y sólo te queda esperar que se cumpla tu deseo con plena confianza de que el más poderoso de los cuatro elementos sagrados, “el fuego”, ha proyectado sobre tu deseo o petición una gran carga de energía que hará que se convierta en un hecho real.

La Pirámide incubadora satisfacerá tu petición a través de esta experiencia en forma de nuevo trabajo, deseo, curación y cualquier petición sea o no de naturaleza espiritual, ya que este procedimiento es una adaptación de la radiónica, técnica hoy por hoy, mundialmente reconocida.

Las experiencias de los radiestesistas sobre la energía pirámidal, es ya hoy bastante extensa y aún se siguen sucediendo en muchos campos. En Estados Unidos se está estudiando con gran secreto la reacción de ciertos tumores expuestos a la irradiación piramidal y a experimentar en laboratorios la eficacia de medicamentos expuestos, aunque aún puede decirse que se está muy lejos todavía de saber aislar estas emisiones y por supuesto controlarla. En otros campos de las medicinas paralelas, como en el mundo de los meópatas, de la acupuntura, de la osteopatía, etc., se empieza a tomar en serio la existencia de las ondas de forma. Encontrando los profesionales de estas materias informaciones muy complementarias con su diagnóstico. Cabe reconocer además que el saber encontrar unas formas de las que emanan ondas benéficas, para la relajación, la curación, etc., supondría para la medicina abrir nuevamente la globalidad que había perdido.

El matrimonio inglés, compuesto por George de la Warr y su esposa Marjorie, siguieron investigando lo mismo que los seguidores del doctor Alber Abrams de San Francisco que dejó hasta su muerte en 1924 importantes descubrimientos de las ondas electromagnéticas. Su obra la continuaron sus seguidores, pero fue el matrimonio inglés quienes dieron el gran impulso a la radiónica, dando así un gran paso adelante en el tratamiento y diagnóstico de las enfermedades, y lográndola extender a otras múltiples aplicaciones, encontrándose entre las principales la destrucción de plagas agrícolas, que desde su laboratorio de Oxford, George de la Warr, ha conseguido grandes éxitos tratando cosechas de África y América.

Con estos métodos radiónicos, de la Warr, aporta grandes ventajas no sólo económicas, sino también ecológicas, ya que la radiónica no sólo sirve para erradicar plagas, sino que también vigoriza las plantas y hace que aumente su rendimiento.

La arquitectura también es otro campo en que el antiguo concepto que nos separa al hombre de su universo interesa hoy por hoy en profundidad.

Ya no basta para los arquitectos y los constructores con saber ocupar y aprovechar el espacio para construir. En la actualidad muchos arquitectos están sensibilizados a la presencia de energía radiónica, que lleva en principio a un estudio geofísico e histórico del lugar a construir, seguido de los materiales a usar, para poner su obra en armonía con los seres humanos.

Según palabras de Serge Henneman, arquitecto y director fundador de la asociación *Arkologie*, el arquitecto es un artista revelador de todo tipo de sociedad por lo que tiene que crear edificios que enriquezcan a las personas que resguarda. Por lo tanto, un exaustivo estudio sobre las emisiones debidas al terreno, al entorno, a los materiales y a la forma de lo que se va a construir, tiene que ser su principal preocupación. Esta teoría de Henneman no es nueva, porque según datos históricos más atrás de 4000 años antes de J. C. se practicaba esta forma para la construcción. Y así los gobernadores mandaban a los especialistas a investigar las perturbaciones de la zona a construir.

A la hora de construir, se tenía en cuenta el campo magnético natural para orientar los muros de acuerdo a dicho campo. Los romanos empleaban un método, hasta hece no muchos siglos para detectar las ondas magnéticas del terreno que más bien para nosotros hoy día nos parecería una burda superstición, según Jacques La Maya. Por espacio de un año dejaban pactar en el lugar para edificar a algunos rumiantes, cabras, ovejas, borregos, vacas, etc.

Después de este tiempo se sacrificaban los animales y se analizaban sus vísceras, para comprobar en qué estado se encontraban. Si al comprobar que el hígado de los animales estaba enfermo, significaba que el terreno no estaba en condiciones para edificar.

Los romanos no sólo aplicaban esta manera de pensar al hábitat, sino que también la empleaban a toda la arquitectura en general y particularmente al arte. Era de suponer que los antiguos sabían el modo de dar a cada cual su sitio en función del orden establecido con criterios de afinidad, no con criterio de dominio. Esto nos lleva a pensar que tal vez fuera éste el espíritu con que fue construido el coloso de Gizeh. Si el Faraón, dios como fuera para los egipcios, quiso darle a la misteriosa Cheops una imagen de potencia, de grandeza, de hermetismo, no nos cabe más que decir que lo consiguió plenamente.

Es de suponer que hoy Cheops ve surgir a su alrededor continuamente un enjambre de seres enanos con deseo de resolver sus enigmas tal vez sin comprender que sólo puede ser una filosofía que un código de transcripción desgraciadamente se ha perdido sin saber por qué.

No olvidemos, como ya mencionamos más adelante, que los constructores de las Pirámides eran grandes sacerdotes y científicos, y que todos pertenecían a una casa sacerdotal que celosamente guardaba sus secretos de la ciencia y los oficios. Todos los que trabajaban en el interior de los templos, como arquitectos, ceramistas, esmaltadores, maestros canteros, orfebres, fundidores, vidrieros etc., ponían su energía y su saber en un mismo fin, edificar no sólo con el hecho de hacer arquitectura, sino con el deseo de establecer y dar un ejemplo, lo que hoy significa la palabra "edificar". Para ello, el sumo sacerdote en astronomía, elegía el lugar con la orientación idónea, y el maestro arquitecto creaba el mejor plano y encontraba el mejor material. El mago tenía en cuenta las emisiones de ondas, para cada uno de estos artistas, todo este conocimiento estaba metido en una construcción, pero además cada construcción que hacían, tenía que ser la obra de su vida, aquella que le hicieran inmortal en los años perecederos.

Esto parece ser la más complicada de las formas sencillas, hoy está de moda ya que permite el mejor fundamento y el máximo de elevación, lo mismo que belleza y no pasemos por alto. Aunque todavía sólo sepamos de casos insólitos, como el de las montañas de California cercanas a Malibú, donde desde 1977 vive una familia en tres Cheops, construidas de piedra y vidrio, donde la familia Shapiro, que así se llama, aseguran, que la estructura invita a la búsqueda interior, ayudándole a tomar conciencia de la identidad espiritual. Sus casas son para ellos fantásticos captadores de energía cósmica, y por supuesto solar, en la que continuamente se regeneran. Hacen seminarios de reflexión filosófica, de meditación, y cultivan todos los alimentos que toman en invernaderos piramidales. También en Viena, la capital austríaca, se levanta una estructura piramidal de cristal y acero de 40 metros de alto en un complejo hotelero que encierra en sí un invernadero y una piscina, dos instalaciones relajantes que armonizan bien con el efecto de apaciguamiento que provoca las emisiones de la Pirámide, y continuamente surgen más construciones piramidales que se elevan hacia el cielo en su vértice. Ahora bien como aún desconocemos la totalidad de sus límites, sería importante prever el máximo peligro que nos pueda aportar, haciendo de ella el mejor uso posible. Piensa que en muchos casos se trata de navegar con la meditación bajo la estructura piramidal, por eso es conveniente que te des cuenta de que cuando sientas algo, la esencia de este algo será muy suave, así que no vacilamos en recomendarte una Pirámide como generadora de la onda portadora. Ahora bien piensa que la Pirámide actúa, estimula y también absorbe energía. Esto no quiere decir que afecte a algún organismo del cuerpo, pero conociendo el funcionamiento del cuerpo, sabes también que la menor irritación, o el menor apaciguamiento que percibas a nivel epidérmico, puede tener repercursiones más profundas. Por eso recomendamos que las personas nerviosas, las que tienen angustia, los cardíacos e hipertensos se abstengan de usar la Pirámide, o al menos extremar al máximo su cuidado, ya que el calor energético no es del todo controlable, no tratar la Pirámide como si fuera un juguete. Desde el momento en que te decidas a comprar o construir tu Pirámide experimental, piensa que ésta no va actuar sólo cuando a ti te convenga, la Pirámide funcionará siempre contigo o sin ti, por eso te recomiendo que estés atento a la menor reacción de la Pirámide. Aunque la Pirámide es un buen emisor de la onda portadora, también tiene sus detractores que te pueden dar consejos desanimantes, como que no consumir nunca alimentos, ni líquidos que hayan sido energizados, dándote razones como que: una vez tomado estos alimentos, las ondas se expanden en tu organismo produciéndote efectos desconocidos, cosa que no es nada cierto.

A mi juicio personal, lo único que evitaría es introducir debajo de la Pirámide un medicamento, ni tomarlo con agua energizada, digo a mi juicio personal, porque, sin embargo he oído rumores de que hay quienes sí lo han hecho, pero no sé los resultados, y realmente yo desconozco cómo va a reaccionar una sustancia química, puede que su acción sea opuesta. Siempre es conveniente, y sobre todo para los principiantes, someter a la energía de la Pirámide elementos completamente inofensivos; ni medicamentos ni nada que tenga componentes químicos siendo así más seguros los resultados porque la energía que genera la Pirámide es siempre benéfica si se realiza con ella un debido uso.

BIBLIOGRAFÍA

A. Bovis, *De la radiation de tous les corps décelée par le pendule paramagnétique*, Ed. del autor, Niza.

W. E. Butler, *The Magician, Wilshire, California, 1976.*

Chaumery y Belizal, *Traité experimental de Physique Radiesthésique, Dangles, París,* 1939 – *Essai de Radiesthésie Vibratoire,* Dangles, París, 1956.

Clément Duval, *L'Eau,* Presses Universitaires de France, París, 1962.

Martin Ebon, *Misterious Pyramid Power,* Signet, Nueva York, 1976.

Patrick Flanagan, *Pyramid Power,* De Vorss, 1973. – *Beyond Pyramid Power,* De Vorrs, 1975.

Werner Heisenberg, *La imagen de la naturaleza en la física actual,* Ariel, 1976.

Francis Hitching, *Earth Magic,* Casell, Londres, 1976.

Ken Johnson, *The Anciente Magic of the Pyramids,* Pocket, Nueva York, 1977.

Bill Kerrel, y Kathy Goggin, *The Guide to Pyramid Energy,* Santa Mónica, California, 1975.

Serge King, *Pyramid Energy Handbook,* Warner Books, Nueva York, 1977.

Rogen Lafforest, *Casas que matan,* Robert Laffont.

Robert K, Moffett, *Secrests of the Pyramids Revealed,* Tempo Books, Nueva York, 1976.

Michel Moine, *La Radiestesia,* Ed. Martínez Roca, Barcelona, 1974.

C. A. Newhan, *The Astronomical Significance of Stonehege,* Blackburn, Inglaterra, 1972.

Sheila Ostrander y Lynn Schroeder, *Psychic Discoveries Behind the Iron Curtain,* Prentice-Hall, 1970.

S. G. J. Ouseley, *The Power of the Rays,* Fowler, Londres, 1975.

G. Piccardi, *The Chemical Basis of Medical Climatology,* Charles C. Thomas, Springfield, 1962.

André Pochan, *El enigma de la Gran Pirámide,* Plaza-Janés, Barcelona, 1973.

Jill Purce, *The Mystic Spiral,* Thames and Hudson, Londres, 1973.

W. Edward, Russel, *Report on Radionics,* Spearman, Londres, 1973. *Design for Destiny,* Spearman, Londres, 1973.

Bill Schul, y Pettit, Ed, *The Secret Power of Pyramids,* Fawcett, Nueva York, 1975 – *The Psychic Power of Pyramids,* Fawcett, Nueva York, 1976.

Norman Stark, *The First Practical Pyramid Book,* Andrews Scheed and MacMeel Inc., Kansas City, 1977.

A. Thom, *Megalithic Sites in Britain,* Oxford U.P., Londres, 1967. – *Megalithic Lunar Observatories,* Oxford U. P., Londres, 1971.

Peter Tompkins, *Secrets of the Great Pyramid,* Harper and Row, Nueva York, 1971.

Max Toth, y Greg Nielsen, *El poder mágico de las Pirámides,* Ediciones Martínez Roca, Barcelona, 1977.

L. Turenne, *De la Baguette de Coudrier aux Détecteurs du Prospecteur,* Ed. del autor, París, 1931-1945.

Tom Valentine, *The Great Pyramid: Man's Monument to Man,* Pinacle Books, Nueva York, 1975.

ÍNDICE